人才培养

全面培训体系的数字化搭建

敬汉明 ◎ 著

中国科学技术出版社

·北 京·

图书在版编目（CIP）数据

人才培养：全面培训体系的数字化搭建 / 敬汉明著
. — 北京：中国科学技术出版社，2023.5
ISBN 978-7-5046-9982-4

Ⅰ . ①人⋯ Ⅱ . ①敬⋯ Ⅲ . ①企业管理－人才培养－
研究 Ⅳ . ① F272.92

中国国家版本馆 CIP 数据核字（2023）第 036226 号

策划编辑	杨汝娜	责任编辑	龙凤鸣
封面设计	创研设	版式设计	蚂蚁设计
责任校对	张晓莉	责任印制	李晓霖

出　　版	中国科学技术出版社
发　　行	中国科学技术出版社有限公司发行部
地　　址	北京市海淀区中关村南大街 16 号
邮　　编	100081
发行电话	010-62173865
传　　真	010-62173081
网　　址	http://www.cspbooks.com.cn

开　　本	880mm×1230mm　1/32
字　　数	163 千字
印　　张	9
版　　次	2023 年 5 月第 1 版
印　　次	2023 年 5 月第 1 次印刷
印　　刷	北京盛通印刷股份有限公司
书　　号	ISBN 978-7-5046-9982-4/F・1115
定　　价	69.00 元

随着时代的发展，企业与企业之间的竞争已经逐步演变为人才与人才之间的竞争，所以新时代企业最宝贵的财富不再是技术、管理水平，而是人才。从某种程度上说，员工的能力直接决定了企业的核心竞争力。一支优秀的人才队伍，将给企业的发展带来巨大的推动力。然而，企业是否能培养出一支高绩效团队，取决于企业的人才培养体系是否完善，而人才培养体系的核心是培训体系的搭建。

不少企业重视员工的培养并搭建了培训体系，但是实施培训之后企业发现员工的能力并没有得到明显提高，甚至有些员工抱怨培训浪费了他们的时间和精力。这种培训显然是无效的，对企业来说只是一种资源浪费。面对这种情况，一些企业管理者感到十分苦恼，不知道要如何下手搭建企业的培训体系。

企业培训体系无效的主要原因在于企业管理者对培训体

系的认识比较片面，或者并没有掌握搭建培训体系的方法。例如，一些管理者认为培训就是自己感觉员工欠缺哪方面的能力就安排相关的课程，在员工学习的过程中，他们不会关注培训效果，培训结束后也不会进行培训的效果评估。这样的培训体系算不上是真正意义上的培训体系，自然无法取得管理者期望的效果。

什么是真正意义上的培训体系？真正意义上的培训体系是一套完善的、系统化、标准化的体系，能够贯彻整个培训过程，确保培训效果可以落实到实际工作中，改变员工的行为，提升员工的工作能力。这种培训体系也被称为全面培训体系。企业管理者要想通过培训为企业培养人才，就应当重新认识企业培训，并掌握全面培训体系的搭建方法和策略。

本书共分为 8 章，全面、系统地介绍了如何重新认识企业培训以及如何搭建全面培训体系。

第 1 章主要从认知层面介绍了全面培训体系，包括全面管理与培训体系的概念、搭建与实施、发展与趋势，旨在帮助读者建立对企业培训的全新认识，了解并掌握全面培训体系的相关概念。

第 2 章介绍了如何以数据为基础做好企业人才需求分析，为搭建全面培训体系指明方向。主要内容包括正确理解企业培训需求、做好企业培训需求调研、准确分析企业培训需求。

第3章介绍了全面培训体系的方案设计与规划，包括打造智慧型学习型组织、构建基于人才发展的系统性培训学习理念、全面做好企业培训规划。

第4章介绍了全面培训体系的质量管理与保障，包括培训现场质量管理、培训过程质量管理、培训学习质量管理以及培训资源保障。

第5章介绍了全面培训体系的"关键时刻"及"6Ds法则"，即如何将学习成果转化为商业价值、培训后如何进行知识的应用与转化。

第6章介绍了培训效果评估与报告，为培训的持续改善奠定基础，主要内容包括进行培训效果评估的原因、培训效果评估的基本原则、培训效果评估的层次与内容、培训效果评估的方法与工具、培训效果评估流程、培训效果评估报告。

第7章介绍了培训过程中的各种风险管理，包括危机处理、应急处理预案。

第8章介绍了如何打造专业的培训管理人员，包括培训管理人员必须具备的能力与素养以及培训管理人员专业化途径。

本书适合企业管理者、培训部门管理者、培训机构负责人以及对全面培训体系感兴趣的读者，旨在帮助读者重新认知企业培训，掌握构建全面培训体系的策略和方法，有效解决培训过程中的各种问题，打造一支高绩效团队。所以，如果你正为培训无效、员工能力无法提升、市场竞争压力大等问题感到困惑，那么请赶紧打开这本书，你一定可以在书中找到自己想要的答案。

目录
CONTENTS

1

第 1 章

重塑认知：

培训管理与全面培训体系

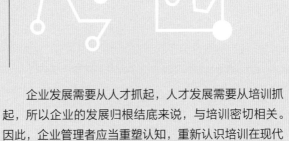

　　企业发展需要从人才抓起，人才发展需要从培训抓起，所以企业的发展归根结底来说，与培训密切相关。因此，企业管理者应当重塑认知，重新认识培训在现代企业中的地位和作用，重视培训管理，并构建促进培训管理工作有效实施的全面培训体系。

1.1
重新认识企业培训

不少人对企业培训的认知是一场简单的学习活动，在这种认知下企业培训很容易沦为形式主义，失去其本身的价值。那么企业培训的价值是什么？

企业培训的价值在于可以通过对人才的培养来提升人才的能力和素质，创造更高的绩效，推动企业的良性发展，使企业能够持续地生存与发展。所以，企业管理者应当重新认识企业培训，树立正确的培训理念，采取合适的培训方式和策略，让企业培训可以发挥出其本身的价值，推动企业的发展。

1.1.1　企业培训为什么收效甚微

不少企业管理者抱怨，企业在培训方面投入了大量的时间和精力，但取得的效果甚微。这是不少企业管理者面临的急需解决的问题。那么，企业培训为什么难以获得突出的效果呢？主要原因有三点，如图 1-1 所示。

图1-1　企业培训收效甚微的原因

（1）对培训存在认识误区

企业培训要想取得效果，企业管理者首先必须清楚培训是什么，其对企业的价值和作用是什么。这是认识层面的问题。如果企业管理者对培训存在认识误区，那么培训将很难取得理想的效果。

然而实际上，不少企业管理者对培训都存在一定的认识误区。

一些企业管理者认为，企业为员工提供培训后员工的能力和素质会提高，这很可能会增加员工辞职的可能性。这样一来，企业就会损失在培训方面投入的人力、物力、财力，所做的一切培训工作都会徒劳无功。为了避免这种情况出现，企业管理者就会不断压缩培训成本，降低对培训工作的投入力度。

还有一些企业管理者将培训视为公司的福利，一旦企业经营状态不好，就会立即削减在培训上的投入，甚至直接停止提供这种福利。

还有一些企业管理者认为培训根本就没有任何作用，能力强的员工不需要培训，而对能力较弱的员工花费再多的时间和精力培训也是徒劳的。

以上对培训的认识都比较片面，不利于培训工作发挥其真正的作用和价值。

（2）对培训的需求不明确

不少企业在展开培训工作前，并不会对培训需求进行调研、分析，这使得很多培训项目没有针对性，无法体现价值。这些企业在确定培训需求的时候通常会采取以下三种方式。

第一种是没有认真、全面、深入地调查员工的培训需求，培训内容与相关规则都由领导直接决定。

第二种是完全由员工提出培训的要求，培训组织简单进行应对。

第三种是企业凭借经验或通过模仿行业竞争者，机械性地制订培训内容和计划。

总之，这些企业并没有对企业的培训需求和员工的培训需求深入地调研、分析，并将这些需求结合起来确定最终的培训需求。这样的培训需求就是不明确的，无法做到"对症下药"，也无法解决实际问题，更不用说帮助员工提升能力了。这种情况下，企业即便开展了培训，效果也可想而知。

（3）构建的培训体系不合理或不完善

大多数企业的培训还处于初级阶段，虽然企业管理者会为了做好培训工作构建培训体系，但是这些体系设置很可能不合理，主要体现在培训师资、培训内容、培训方法和培训结果四个方面。

①培训师资

企业培训聘用的培训师要么有足够的教学经验，但是教学方法比较老套，理论知识更新不及时；要么就是掌握了丰富的理论知识，并不断更新自己的理论知识系统，但是缺乏实践。培训师是培训工作的教练、引导者，是培训工作中的核心人物，所以有效的培训要求培训师既要具备理论知识，也要具备教学经验，同时还应了解企业和行业环境。

②培训内容

企业的培训内容有很多，但是大多数企业的培训内容仍然比较单一，只会培训专业知识、专业技能方面的内容，其他方面的培训，如企业文化、人际关系等的培训远远不够。

③培训方法

大多数企业在培训时采取的是传统的授课形式，即培训师在上面讲，学员在下面听。这种培训方法比较枯燥，不利于促进学员认真听课，无法掌握培训的内容。

④培训结果

一些企业将"培训课程结束"与"培训工作结束"画等号，并不会在课程结束后对培训效果进行评估。

这样一来，培训组织就无法了解本次培训有哪些地方做得比较好，哪些地方还存在不足，下一步要如何改进。另外，企业管理者未充分考虑将培训中教授的知识与工作实际场景结合，不能有效形成从学习到实践的闭环管理。缺乏这部分内容的培训体系就是不完善的，很难确保培训的效果。

以上是导致培训收效甚微的四种主要原因，除此之外，也有其他原因会影响培训效果。但归根结底来说，导致培训收效甚微的本质原因是企业没有树立正确的培训理念，没有构建合理、完善的培训体系。所以，企业要想提升培训效果，就必须树立正确的培训理念，并根据企业和员工的实际情况制定合理、完善的培训体系。

1.1.2　为什么要建立全面培训体系

企业没有构建合理、完善的培训体系是导致企业培训收效甚微的关键原因之一，所以企业要提升培训效果，就要建立全面培训体系。

全面培训体系与传统的培训有何差别，为什么一定要建立全面培训体系呢？

传统培训是以课程为主，与员工绩效提升和业务发展的结合度不高，企业对培训需求的了解也不精准。通常情况是，企业管理人员认为员工缺乏哪些能力或者应该学习哪一方面的知识，就为员工安排相应的培训。在培训方式和方法上，传统培训也比较单一，以集中课堂教授为主，缺乏有效的交流和讨论，容易导致课堂气氛沉闷，不能有效激发学员的学习积极性和活力。在整个培训过程中，企业管理人员也很少过问培训的相关情况，也不太关注培训结果在实际工作中的应用。这种培训完全忽略了员工的真正需求，且实际价值低，时间久了，培训就会成为员工的负担，而不是激励。

总结来说，传统培训缺乏对培训体系的设计和过程的管控，缺乏学习效果的应用以及知识转化。所以，要解决传统培训中的问题就要全方位、深入地看待培训，建立全面培训体系。

所谓的全面培训体系是指从企业顶层开始设计，也就是从企业的战略层面出发，将员工培训赋能工作与企业战略结合，并制定相关机制以保障培训工作顺利进行。具体地说，全面培训体系应从培训需求的调研和精准把控，到培训方案设计、培训过程管控、培训效果评估以及培训结果应用，形成整体闭环，确保培训工作能够真正起到与企业战略结合、提升绩效的作用。只有这样才能体现培训的价值和意义，才是企业和员工真正需要的培训。

1.2
全面培训体系的搭建与实施

找到"企业培训为什么收效甚微"和"为什么要建立全面培训体系"的原因后，企业管理者就能明确全面培训体系的作用和价值。那么接下来要做的就是积极搭建与实施全面培训体系，提升企业培训效果。

1.2.1　全面培训体系的框架

企业可以引用国际标准化组织（ISO, International Organization for Standardization）质量管理体系理论构建全面培训体系的框架。因为 ISO 质量管理体系有助于确保培训的质量和效果（尤其是在培训项目执行过程中），让培训者能够精准把控关键节点。同时，ISO 质量管理体系还能针对不同行业、不同性质的客户和不同项目做到基本管理服务标准和个性化定制服务之间的有机统一，这样可以确保全面体系框架的统一性。全面培训体系的框架如图 1-2 所示。

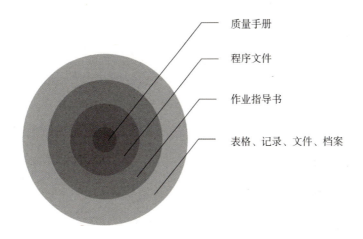

质量手册

程序文件

作业指导书

表格、记录、文件、档案

图 1-2　全面培训体系的框架

（1）质量手册

质量手册是表明培训意向，制定达成目标的策略及方法的文件，主要包括培训方针、经营理念等策略性文件。

> **质量手册的作用**
>
> ①质量手册是由企业最高层批准发布的企业内部文件，具有一定的权威性，是企业实施培训活动的基本规范和指导方针。
>
> ②质量手册是企业质量体系存在的证明，也是能够保障全面培训体系的质量的书面证据，是获得员工或公司信

赖的方式。

　　③质量手册可以保障质量体系运行，进而确保全面培训体系可以顺利地推行，取得理想的效果。

　　质量手册的结构为前言（企业简介及手册简介）、颁布令、质量方针和目标、组织结构、行政组织机构图、质量保证组织机构图、质量手册管理细则、附录等。不同培训项目的质量手册内容不同，企业管理人员应根据项目性质和实际情况设计质量手册的内容。

（2）程序文件

　　程序文件是在培训质量管理体系中质量手册的下一层级的文件，用来明确各项执行流程、对应的负责人员以及执行机制。程序文件的本质作用是为质量手册提供支持，主要包含的内容是关于培训质量体系所有要素的规定和要求。

程序文件的主要作用

　　①使质量活动受控。

　　②对可能会影响培训质量的各项活动做出规定和要求。

　　③明确各项培训活动的方法、评估标准，使培训活动处于控制范围内。

④表明培训质量管理的责任人及其需要担负着的具体责任。

⑤作为执行、验证和评审质量活动的依据。

⑥确保程序的相关规定在实际的培训活动中运行。

⑦为培训活动的执行情况留下证据。

⑧依据程序评估的标准对培训活动的实际执行情况进行评估，判断其是否符合要求。

程序文件的主体内容包括描述文件的基本内容、目的、适用范围、职责、工作程序、引用文件及相关的记录。

（3）作业指导书

程序文件的下一层级的文件是作业指导书，内容主要是详细说明培训项目的执行方案，是对程序文件的补充或具体化。作业指导书主要有以下两个作用。

作业指导书是指导并保障全面培训体系运作、培训活动顺利开展的指导性文件。

作业指导书可以为程序文件提供支持，确保程序文件起到应有的作用。

作业指导书主要有两种形式：书面作业指导书和口述作业指导书。无论是哪种形式，作业指导书都应满足以下两个基本要求。

① 内容应满足"最好、最实际"原则和 5W1H 原则

"最好、最实际"原则是指导书的内容质量要有保障，要贴合实际，可以为企业培训活动提供有效指导。具体来说，企业在制作作业指导书的时候应使用科学的方法，使指导书的内容有保障，提升指导书的操作性，从而保障全面质量管理体系的运行取得理想的效果。而下文展示的是 5W1H 原则。

5W1H 原则

Where（哪里）：在哪里使用此作业指导书？

Who（谁）：什么样的人使用该作业指导书？

What（什么）：此项作业的名称及内容是什么？

Why（为什么）：此项作业的目的是干什么？

When（何时）：什么时候使用该作业指导书？

How（如何）：如何按步骤完成作业？

---

② 格式应满足要求

作业指导书的格式应简单明了，利于阅读对象理解、记忆作业指导书的内容。作业指导书主要有两种格式，一种是文本格式，另一种是表格格式。

文本格式即用文本形式呈现作业指导书的内容，参考模板如下。

×× 培训项目作业指导书

1. 目的（明确阐述书写全面培训体系作业指导书的目的）。

例如，在确定培训目标的基础上，为了顺利实施培训项目而制定全面培训体系作业指导书。

2. 适用范围（介绍全面培训体系作业指导书适合哪些人在什么情况下使用，其实就是回答 5W1H 原则中的"Who"和"Where"）。

例如，适用于本企业的所有员工。

3. 工作职责（哪些人使用作业指导书，他们的职责分别是什么）。

例如，培训组织的主要负责人负责培训方案的策划、修改和审批。

4. 工作程序（可包括实施全面培训体系的步骤、指导方法以及相关要求，明确完成时限）。

5. 支持性文件（该作业指导书为哪些文件提供支持）。

6. 工作中形成的记录（报告、表单等工作中形成的主要记录性文件）。

> 7. 其他注意事项。

表格形式即用表格呈现作业指导书的内容，参考模板如表 1-1 所示。

表 1-1　表格形式的作业指导书模板

×× 培训项目作业指导书 文件编号 ××××　编制日期：×××× 年 ×× 月 ×× 日			
项目名称及编号		人员配置	
项目操作说明		项目技术要求	
项目所需设施设备			
设施设备名称	型号		其他
核准		审核	承办单位
			责任人

无论是文本格式还是表格格式的作业指导书，其内容都不是固定的，培训组织应根据培训项目的具体情况确定作业指导书的内容。总之，作业指导书的内容越具体、详细、全面，越有利于培训项目的开展和实施。

（4）表格、记录、文件、档案

表格、记录、文件、档案是全面培训体系框架最底层的文件，用以记录培训项目的状态和所达到的结果，主要包括培训方案、签到表、课程表、培训作业统计等。在培训过程中，相关人员要妥善保管好这些文件，以便后期对培训结果进行总结时可以查看、回顾。

一个完善、有效的全面培训体系必须满足质量管理体系的基本要求，这样才能保障全面培训体系的质量，确保该体系可以顺利实施并达到理想的结果。

1.2.2　全面培训体系实施的关键

全面体系实施的关键是要掌握全面培训体系实施标准的特点和培训机制。

（1）全面培训体系实施标准的特点

ISO 于 1999 年 12 月颁布了《ISO 10015：质量管理——培训

指南》（下文简称为 ISO 10015 标准），该标准中明确了培训标准的特点，该特点同样适用于全面培训体系的实施标准。

①全过程的监视与持续改进

ISO 10015 标准明确提出了要监视整个培训过程中的每个阶段，作用是对培训体系实施的整个过程进行监视与持续改进，确保培训体系可以顺利实施。

②以质量方针和培训方针为要求，提出明确的培训目标

ISO 10015 标准明确地提出，组织在实施全面培训管理体系时，应以组织建立的质量方针和培训方针为标准，这样才能确保培训可以满足组织的需求。同时，组织还应将组织战略的目标、要求及培训目标作为"培训计划"的输入项，以确保组织的培训可以按事先确定的培训目标完成。

③强调评价培训过程的有效性

ISO 10015 标准要求在学员接受培训后，组织应建立一套对培训过程进行评价的机制，包括长期培训效果评价和短期培训效果评价，以确保培训的有效性。

（2）标准管理体系下的培训机制

标准管理体系下的培训机制是指经过细心策划的，较为系统、全面的培训制度和体系，能够帮助企业不断改进培训中存在的不足，提升培训质量。企业要想建立标准管理体系下的

培训机制就要做好以下四项工作。

①确定培训需求

能够创造价值的培训一定是能够满足学员需求的培训，因此，开展培训前的重点工作是确定培训需求。

②设计和策划培训

确定培训需求后，便可以围绕需求以及组织的实际情况，设计和策划培训项目。

③提供培训

合理安排时间和地点，为学员提供培训学习服务，让培训项目落实。

④评价培训结果

培训结果有利于培训组织做出下一步决策，进一步改进、优化培训项目，所以这部分内容是培训机制中不可或缺的。

掌握了全面培训体系实施标准的特点和标准管理体系下的企业培训机制后，就相当于已经掌握了全面培训体系构建的精髓，接下来就可以实施全面培训体系了。

1.2.3　全面培训体系实施的步骤

全面培训体系实施主要包括确定培训需求、设计和策划培训、提供培训、评价培训结果、培训过程的管控和改进五个步骤，如图 1-3 所示。

图 1-3　全面培训体系实施的步骤

（1）确定培训需求

如何让培训有助于提升业绩？首先从确定培训需求开始。如何确定培训需求呢？可以按照表 1-2 的内容展开调研、分析。

表 1-2　确定培训需求

输入项	过程	输出项	记录
确定组织的需求			
●质量方针 ●培训方针 ●质量管理要求 ●资源管理 ●过程设计	当开始培训时对全部输入项进行考虑	开始实施培训过程的决定	开始实施培训过程的决定

续表

输入项	过程	输出项	记录
确定和分析能力要求			
●影响工作效率的问题 ●在组织举行过的所有培训过程中记录下来的资料 ●对团队成员的能力进行综合评估 ●组织内所有人员流失、晋升、岗位调动等记录 ●影响组织及组织活动的相关制度、规则 ●市场中、行业中新的要求	将能力要求制作成文件	能力要求	能力要求清单
评审能力			
能力记录	评估现有能力	已了解的现有能力	现有能力清单
确定能力差距			
要求的能力及现有能力清单	确定能力差距	已了解的能力差距	能力差距清单

续表

输入项	过程	输出项	记录
识别解决办法以弥补能力差距			
能力差距清单	识别和选择培训作为一种解决办法	选择作为一种解决办法的培训	选择作为一种解决办法的培训
为培训需求确定说明			
●能力要求清单 ●能力差距清单 ●以前培训的结果 ●纠正措施的要求	将培训目标和预期的培训结果以文件的形式呈现出来	培训需求说明	培训需求说明文件

（2）设计和策划培训

明确培训需求后，便可以根据需要设计和策划具有针对性的培训计划，具体可参考表1-3。

表1-3　设计和策划培训

输入项	过程	输出项	记录
确定制约条件			
●规章、方针要求 ●财务考虑 ●时间和日程要求 ●培训资源和优质的培训供应 ●其他后勤因素	识别制约条件	已了解的培训中的制约条件	制约条件清单

续表

输入项	过程	输出项	记录
培训方式和选择准则			
●培训需求说明 ●资源、制约条件和目标清单 ●可供选择的培训方式清单 ●用于选择培训方式的准则	识别培训方式	已了解的培训方式	培训方式清单
培训计划			
●组织的目标和要求 ●培训需求说明 ●培训目标 ●接收培训人员的有关情况 ●培训方式和内容概要 ●日程安排 ●资源和财务要求 ●用于评价培训结果的准则 ●监视程序	确定培训计划	培训计划	培训计划文件

续表

输入项	过程	输出项	记录
选择培训提供者			
●可能的培训承办者书面信息 ●评价报告 ●培训计划 ●识别的制约条件	选择培训提供者	识别培训提供者	培训活动主办者的任务、职责或相关的协议、合同

（3）提供培训

设计和策划完善的培训计划后，下一步要做的就是按照计划有序地提供培训，具体可参考表1-4。

表1-4　提供培训

输入项	过程	输出项	记录
提供支持——培训前支持			
●培训需求说明 ●能力差距清单 ●培训计划	向培训双方做简要介绍	简要介绍报告	培训前简要介绍报告
提供支持——培训支持			
●工具、设备、文件或食宿等 ●应用能力的机会 ●反馈工作业绩的机会	向培训双方提供培训支持	培训支持报告	培训支持报告

续表

输入项	过程	输出项	记录
提供支持——培训后支持			
●培训前简要介绍报告 ●培训支持报告	从培训双方那里获得反馈信息将获得的反馈信息提供给培训管理人员和参与培训的人员	反馈信息报告	培训结束后的反馈信息报告

（4）评价培训结果

在学员完成所有的培训课程后，培训组织还应对最后的培训结果进行评价，只有这样才能不断完善和改进培训项目，提升培训项目的价值。具体的评价流程可参考表1-5。

表1-5　评价培训结果

输入项	过程	输出项	记录
收集资料并准备评价报告			
●培训需求说明 ●培训计划 ●来自培训提供过程的记录	●收集资料并依据制定的准则进行评价 ●分析资料并阐明结果 ●预算的评审 ●验证已达到的规定能力 ●提出纠正措施建议	评价报告	评价报告的记录

（5）培训过程的管控和改进

为了确保全面培训体系的实施效果，还应对整个培训过程进行管理和改进，具体可参考表1-6。

表1-6　培训过程的管控与改进

输入项	过程	输出项	记录
培训过程的管控和改进			
●开始培训的决定 ●要求的和现有的能力清单 ●能力差距清单 ●培训需求说明 ●培训计划 ●在培训过程中指定主办者并规定其职责的协议或正式合同 ●对培训过程的记录 ●评价报告	●通过收集资料、观察等方法记录培训过程，并将培训过程相关记录提供给管理者，用以判断培训是否有效 ●纠正和改进措施，并识别不合格问题	总结报告	依照总结报告对培训展开纠正或改进

以上实施的是全面培训体系的五个步骤，这是较为系统、规范、科学的培训体系实施步骤，可以有效促进培训项目贴近实际，创造价值。

1.3
全面培训体系的发展与趋势

培训已经成为企业培养人才的重要手段，越来越多的企业开始认识到全面培训体系的重要性，并踏上了构建、实施全面培训体系的道路。但是要想在这条路上走得更远，为企业培养更多优秀的人才，只是构建简单的全面培训体系远远不够，还应当了解并掌握全面体系的发展与趋势，把握未来。

新时代人才培养遵循人才与业务共生发展的原则。基于此，未来企业培训发展将走向体系化、平台化和数字化。

1.3.1　体系化

越来越多的企业不再只是开展零散的培训课程，而是开始构建一套符合商业逻辑、促进企业发展的培训体系，从而使整个企业的培训有方向、有目标、有效果。也就是说，企业培训开始走向体系化，这是全面培训体系发展的必然趋势。

企业的全面培训体系要想借势而上，走向体系化就要注意以下三点，如图 1-4 所示。

培训不仅仅是人力资源部门的事情

构建培训师队伍

制定完善的培训考核制度

图 1-4　全面培训体系的体系化

（1）培训不仅仅是人力资源部的事情

虽然人力资源部门是培训管理的核心部门，但是培训工作不仅仅是人力资源部门的事情，还应当号召企业中其他相关部门和人员积极参与。因为培训走向体系化首先要求全员参与，积极落实培训计划。

（2）构建培训师队伍

企业要想打造一个体系化的全面培训体系，必定要有一支优秀的培训师队伍。企业可以从两个方面构建培训师队伍。

①从外部聘请优秀的培训师

从外部聘请培训师的优点是：可供选择的空间比较大，容易聘请到高质量的培训师；可以带来一些全新的概念；可以从第三方的角度揭露企业存在的一些敏感问题；对学员的吸引力较大。

②在内部培养培训师

企业不仅可以从外部聘请培训师，也可以在内部培养培训师。内部培养培训师的优点是：培训师对企业和学员比较了解，能够设计针对性较强的培训内容，提高培训的适用性；费用较低。

企业可以根据实际情况选择构建培训师队伍的方式，但是无论如何都必须培养一支有特色、能提升培训效果的培训师队伍。

（3）制定完善的培训考核制度

没有考核的培训一定会流于形式，更无法形成培训体系，因此，企业还应当制定完善的培训考核制度。培训考核主要考核三个方面：对学员的考核、对培训师的考核、对培训组织的考核。

对学员进行考核其实就是通过相关测试验收学员的学习成果。培训课程结束后，可由培训师出题，由学员作答，最后的评分要记录在培训档案中。

对培训师进行考核主要分两个方面进行。一方面由学员对培训师打分，对培训师的授课水平、课程内容、授课方式等方面进行评价；另一方面还要考核培训师是否按照企业规定的培训管理程序操作。

对培训组织进行考核，这里的培训组织一般指人力资源部门，或者为了培训工作成立的培训组织。作为企业培训工作的管理部门，企业更应当对培训组织进行考核。考核标准包括，培训方案和培训计划是否完善、总培训次数是否达标、培训是否达到理想的效果、学员对培训是否满意、培训档案的准确性如何，等等。

当然，企业的全面培训体系要想走向体系化，不仅要坚持做好以上三个方面的事情，还要关注全面培训体系的每一个环节，把关好每一个环节，不断调整、优化培训体系，使得培训体系可以为企业培训做强有力的支撑，让企业把握住更多的时代机遇。

1.3.2　平台化

互联网思维已经渗透到各个领域，包括企业培训。站在"互联网＋"的风口上，企业培训也迎来了新的趋势，走向平台化。所以，未来企业的培训不能局限于传统的线下学习，还要开展平台化培训。

企业培训平台化也就是我们常说的在线学习，学员可以在平台上随时随地学习自己想学习、需要学习的知识和技能。企业全面培训体系的平台化发展主要有以下两种方式。

（1）企业外部学习平台

互联网时代，在线学习平台应运而生，能够满足企业培训的多种需求，企业可以安排员工在外部学习平台学习相关知识。虽然是外部平台，但是企业也应当提供一定的支持工作，例如通常学习平台的一些课程需要收费，企业应当承担这部分费用。

（2）企业内部自主学习平台

除外部学习平台外，条件允许的企业最好可以构建企业内部的自主学习平台，制作专业的在线学习网站或应用软件，打造企业大学，让员工可以系统化地学习相关的知识和技能。

企业大学是新时代的较为先进的一种教学方式，企业的所有成员都可以进入企业大学开展自主学习，这种教学方式有利于企业打造完善的人才体系，提升企业的竞争实力。但是构建企业大学是一件比较复杂的事情，不仅仅要开发相关课程，还需要做好培训需求分析、培训管理、培训成果转化、培训效果评估等工作。所以，企业要构建企业大学，为员工搭建完善的学习平台就要做好与培训相关的所有工作，既要让员工学习到知识，还要确保所学的知识能够应用到实践中，产生价值。

培训平台化意味着员工可以更合理地安排自己的时间，自由地学习，这种方式一方面可以激发员工自主学习的意识，另一方面可以增强企业的学习氛围，从而可以提升整个企业的学习能力，提高整体绩效。

1.3.3　数字化

随着大数据技术的不断发展，人们迎来了崭新的数字化时代，企业要想在新时代获得更多的机遇就必须提升认知，转变思维，懂得从企业战略、组织运营、人才管理、企业文化等各个方面进行系统化的变革、转型。实际上，通过仔细探究，我们会发现现代企业急需这方面的人才，也就是说，企业的变革与转型本质上是人才的变革与转型。数字化时代人才应如何实现变革与转型？企业应树立数字化人才管理思维、提升人才的数字化生存能力并打造系统的数字化人才生态系统。可见，在数字化时代，全面培训体系的数字化已是大势所趋。

企业的全面培训体系要实现数字化转型就要做好以下十项工作，如图1-5所示。

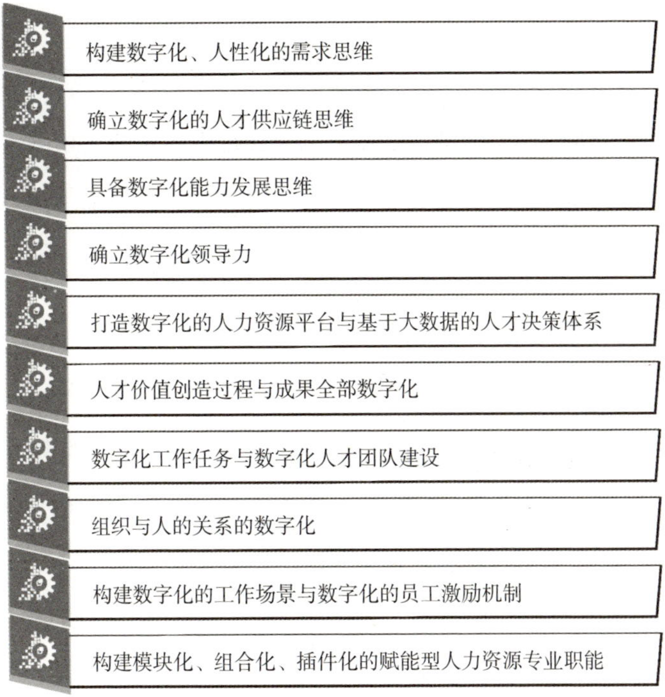

构建数字化、人性化的需求思维

确立数字化的人才供应链思维

具备数字化能力发展思维

确立数字化领导力

打造数字化的人力资源平台与基于大数据的人才决策体系

人才价值创造过程与成果全部数字化

数字化工作任务与数字化人才团队建设

组织与人的关系的数字化

构建数字化的工作场景与数字化的员工激励机制

构建模块化、组合化、插件化的赋能型人力资源专业职能

图1-5　全面培训体系的数字化转型

（1）构建数字化、人性化的需求思维

数字化时代，企业可以运用大数据技术描述企业所需人才的特征，精准锁定企业需要的人才。同时，企业人才与岗位的匹配、员工之间的合作等都可以通过数字化实现精准的匹配。所以，企业在构建全面培训体系时要具备数字化思维，构建数字化的需求思维。

（2）确立数字化的人才供应链思维

数字化时代，企业的战略和业务发展需求也会数字化，那么为企业战略和业务发展服务的全面培训体系的人才供应链也要与之相匹配，即要确立数字化的人才供应链思维，使企业战略、业务战略和人才供应链思维全面数字化，实现三者之间的完美契合。

（3）具备数字化能力发展思维

全面培训体系要想实现数字化，就要求企业管理者一定要具备数字化的管理意识和经营理念。如何才能具备这种意识？企业应多关注与培训相关的数字化内容，例如，数字化人才发展、数字化工作技能、数字化应用、数字化沟通能力、数字化知识体系，等等。

人力资源部门则要提供相关资源和帮助，助力人才实现数字化转型与数字化能力发展。

（4）确立数字化领导力

数字化时代，企业需要的不再是指挥型的领导者，而是一个愿景型的领导者，这样的领导者懂得在管理中为员工赋能。通过仔细研究我们会发现，一些企业的组织结构图中已经没有中层管理者的位置了，员工在组织中负责哪些工作，需要做到什么程度都不再依靠领导来命令、指挥，而是依靠数据驱动的"数字化领导"来安排任务，检验任务的完成度。总结来说，数字化时代的领导者的职能是为员工赋能，而不是命令和控制。

（5）打造数字化的人力资源平台与基于大数据的人才决策体系

随着数字化的发展，一些传统的人力资源管理职能将慢慢淡出大家的视野，未来人力资源管理将通过一些专业的数字化平台，实现精准的人才匹配，构建基于大数据的人才决策体系。

（6）人才价值创造过程与成果全部数字化

数字化时代，人才为企业创造的价值以及创造价值的过程都可以通过数字化衡量、呈现。当然，有一些创造性的工作很难通过数字化衡量，但是大多数工作都是由数据驱动的。企业可以通过数字化精准地获取人才创造的价值，并掌控创造价值的过程。企业可以将这些价值与绩效挂钩，制定数字化绩效管理策略，提升绩效管理效果。

（7）数字化工作任务与数字化人才团队建设

用户的需求也会越来越数字化，这样就会形成数字化的工作任务。通俗地说，用户的需求可以通过数字化的方式呈现出来，企业可以根据这些数据提供与用户需求相匹配的服务或产品。同时，工作任务数字化可以形成数字化的人才需求，即企业可以通过工作任务的数字化建立与用户需求相匹配的人才团队。所以在数字化时代，工作任务管理成了人力资源管理的核心内容。

（8）组织与人的关系的数字化

组织与人的关系的数字化是指用数字化实现人与岗位的动态匹配，用数字化促进人与人的沟通和协同合作，用数字化联结组织聘用关系。

（9）构建数字化的工作场景与数字化的员工激励机制

企业应当构建数字化的工作场景与数字化的员工激励机制，全方位提升员工的数字化体验。例如，通过积分制度激励员工，这样能够让员工看见自己的价值，有利于提升员工工作的积极性和动力。

（10）构建模块化、组合化、插件化的赋能型人力资源专业职能

企业要构建模块化、组合化、插件化的赋能型人力资源专业职能，只有这样做才能灵活组织团队展开工作，为员工赋能提供专业化的配套服务。

把握趋势才能把握未来，所以企业领导者不能认为构建了全面培训体系就可以止步了，还应当了解趋势、把握趋势，不断调整、优化全面培训体系，借势而上。

2

第 2 章

需求分析：

满足需求是全面培训体系的终点

　　培训需求分析是指在设计培训活动之前，培训组织人员采取一些方法、策略对企业和员工进行全面、系统的分析，从而了解企业和员工的培训需求，再将两者的需求结合确定最终的培训需求的过程。这个过程决定了培训能否提升绩效，为企业创造价值。所以从某种程度上说，满足培训需求是全面培训体系的终极目标。

2.1
如何正确理解企业培训需求

全面培训体系的重点是满足企业培训需求，所以在构建并实施全面培训体系前，企业管理者必须正确理解企业培训需求。企业培训需求主要从两个方面理解：一是基于培训对象的需求，二是基于培训目标的需求。

2.1.1 基于培训对象的需求

基于培训对象的需求，即培训对象对培训有哪些方面的需求。培训对象的需求有狭义和广义之分。

为满足培训对象的狭义需求，企业管理者主要针对具体培训对象的需求而进行培训项目或学习课程的设计。

例如，A 员工的培训需求是提升某方面的技术，B 员工的培训需求是提升办公软件使用技能，C 员工的培训需求是提升沟通能力……

　　在了解员工的相关需求后，企业管理者制定了相应的培训课程，但是最后发现虽然员工的需求满足了，能力提升了，企业的绩效却没有发生任何变化。为何会出现这样的情况？

　　因为如果培训仅仅满足培训对象的需求，而不能从企业整体角度去考虑，那么这种培训的最终结果是头痛医头、脚痛医脚，培训效果不明显甚至没有效果。

　　满足培训对象的广义需求是指从企业整体出发，不仅要满足具体的培训对象的需求，还要了解并满足相关人员的需求。例如，在基层员工的培训中，除要满足员工本身的实际需求外，还要照顾到其主管或领导希望通过培训增强员工哪些能力的培训需求。

　　相比较来说，从广义上对培训对象的需求进行理解，既能满足员工的培训需求，也能提升企业的绩效。所以，企业管理者应当从广义上理解基于培训对象的需求。

2.1.2　基于培训目标的需求

　　基于培训目标的需求是指企业想通过培训达到什么样

的目的。基于培训目标的需求通常可以分为以下五种，如图 2-1 所示。

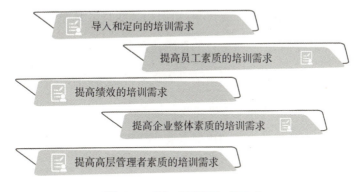

图 2-1　基于培训目标的需求

（1）导入和定向的培训需求

导入和定向的培训需求是基于帮助员工熟悉工作内容、岗位职责、工作环境、工作条件，快速进入工作状态，融入企业并适应企业外部环境的发展变化的目的而产生的培训需求。

（2）提高员工素质的培训需求

提高员工素质的培训需求是指通过提高员工工作绩效而提高企业运营效率和企业整体业绩，从而实现员工个人全面发展和企业可持续发展的双赢目的而产生的培训需求。

（3）提高绩效的培训需求

培训旨在提升员工的知识、技能，帮助员工解决工作中的各种问题，提升工作绩效，从而提升企业整体绩效。提高绩效的培训需求就是基于这样的培训目的而产生的培训需求。

（4）提高企业整体素质的培训需求

通过培训提升员工的专业知识和技能只是其中一个培训目的，培训还有一个重要目的是使具有不同价值观、不同工作理念、不同工作习惯的员工学习企业文化，形成目标一致的团队，提升员工的工作效率和素养，使员工的工作及生活质量得到改善。提高企业素质的培训需求就是基于这些培训目的而产生的培训需求。

（5）提高高层管理者素质的培训需求

提高高层管理者素质的培训需求是指通过培训提升高层管理人员的思想素质和管理水平，从而更新高层管理者的管理理念、改善高层管理者的知识结构，使高层管理人员可以适应企业的各种变化和发展需要。

以上五种为常见的基于培训目标的需求，但是不同企业的培训目标不同，所以企业管理者在开展培训项目之前，一定要明确培训的目标，并基于培训目标设计培训方案，使方案更加具有方向性和针对性，满足企业的培训需求。

2.2
如何做企业培训需求调研

为了深入了解企业的培训需求，企业管理者应积极开展企业培训需求调研。比较常用的企业培训需求调研方法有数据调研、问卷调研、访谈调研和资料调研四种，如图2-2所示。

图2-2　企业培训需求调研的四种方法

2.2.1　数据调研

有些传统的调研方法比较费时费力，还容易出现误差，如果使用数据调研，不仅可以提升调研效率，还可以降低调研成本，可谓一举两得。

在采用数据调研方法做企业培训需求调研时，调研人员通常可以按照以下三个步骤展开（图2-3）。

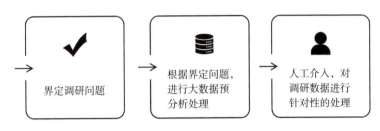

图2-3　数据调研的步骤

（1）界定调研问题

设计调研问题是数据调研的第一个环节，其重要性不言而喻。从某种程度上说，设计出优秀的调研问题，调研就成功了一半。相对来说，做企业培训需求调研的问题界定比较简单，即要调研"员工有哪些方面的培训需求"。当然，也可以界定更加精准的问题，如"新入职的销售员的培训需求"，企业应根据实际情况和培训目标来界定具体问题。通常来说，界定的调研问题越精准越利于收集精准的数据。

（2）根据界定问题，进行大数据预分析处理

大数据的魅力在于采集的不仅是样本数据，还包括全部的数据。调研人员可以先收集样本数据，即先收集员工的培训需求相关数据，再借助一些工具、资源尽可能收集同行中关于同类培训需求的相关数据。在收集数据的时候可以借助一些专业的数据收集工具，这些工具都可以通过网络进行搜索、查找。

数据收集完成之后，调研人员还要对数据进行归类分组，总结数据的趋势、特点、规律，对数据进行初步分析处理，便于后面对数据进一步做针对性的处理。市面上大数据分析工具有很多，调研人员可以根据需求选择合适的工具进行大数据预分析处理。

大数据预分析处理工作主要是对从不同渠道收集到的数据的准确性、适用性、完整性等方面进行审核，确保可以为企业培训需求分析提供真实、有效的数据，从而精准分析企业的培训需求。

总之，这个环节就是尽可能收集与培训需求相关的数据，并对数据进行初步分析处理。

（3）人工介入，对调研数据进行针对性的处理

获得初始阶段的数据之后，调研人员可以通过人工介入的方式对初始阶段的数据进行针对性的处理。一般是采用传统的调研方法，如问卷调研、访谈调研，对初始阶段的数据做进一步分析和处理。但这个环节不需要耗费大量的时间和成本进行调研，因为大数据已经比较精准地锁定了培训需求，人工介入的目的是可以更加真实地感受调研过程，参与调研问题的处理，进一步确认培训需求。

相对于传统的调研方法而言，数据调研是一种比较先进且对技术有一定要求的调研方法，需要具体的调研人员了解并掌握大数据处理技术，如了解数据库类型、数据来源、数据结构等。但不可否认的是，数据调研得到的培训需求的精准度比较高，所以如果条件允许，企业可以培养大数据技术的相关人员，然后采用数据调研的方式对培训需求进行调研，得出精准的调研结果。

2.2.2　问卷调研

问卷调研是指根据调研目的制作内容详细的问卷，然后将问卷发放给被调研者，要求被调研者真实回答问卷中的问题以收集信息和数据的调研方法，是企业培训需求调研较常用的一种方法。问卷调研中的"问卷"其实就是一系列与培训需求相关的问题，也可以称为调查表。它是企业做培训需求调研较常用的一种工具。调研者可以借助这一工具对企业培训需求进行精准、具体的测定，获取所需的调查资料。

如何编制培训需求调查表？培训需求调查表的内容应根据企业实际情况、培训目标而定，大体内容可参考表2-1。

表 2-1 培训需求问卷调查表

注：

1. 为了全面满足您的培训需求，使培训活动更加具针对性和实用性，帮助您提升工作能力，特制作本调查问卷，希望您给予真实的反馈。我们会仔细分析您给予的反馈，然后结合企业战略、经营目标等实际情况策划培训活动。我们会认真阅读、充分尊重你提供的答案和意见，并且会严格保密您提供的信息。由于时间紧张，请于××××年××月××日前填妥并交还至培训部负责人张××处，以便我们整理统计。

2. 有选择框的请直接在方框里画"√"（如有需补充或进一步描述的内容，请写在"_____"上面）。

第一部分 个人基本信息
填写人姓名：_____ 填表日期：_____ 在本公司工作年限：_____
部门：_____ 现任职务：_____ 学历：_____
请用一两句话简明扼要地描述您的主要工作职责。 _____ _____

第二部分 培训认知调查
1. 您认为公司对培训的重视程度如何？ □非常重视 □比较重视 □一般 □不够重视 □很不重视
2. 您是否认为培训可以帮助您提升工作能力，改善工作绩效，助力个人职业发展？您是否愿意参加培训？ □非常有帮助，有强烈的参加意愿 □有较大帮助，愿意参加 □有点帮助，可以参加 □有帮助，但是没有时间参加 □几乎没有什么帮助，不会参加

续表

第二部分　培训认知调查

3. 您每次参加培训的动机是什么？

□公司安排　□个人自愿参加　□个人提升发展　□不得不参加
□其他（请说明）：＿＿＿＿＿＿＿＿＿

4. 您认为自己对培训需求的迫切程度如何？

□非常迫切　□比较迫切　□有一些需求，但是不那么迫切　□无所谓，可有可无　□没有培训需求

5. 关于以下培训理念，您比较认同哪些选项？（可多选）

□培训很重要，公司要想不断地发展，就要多开展培训活动，助力人才成长，培养人才

□培训对员工而言是一种负担，浪费时间和精力

□公司招聘来的员工都是具有一定经验，符合岗位要求的，因此不必再浪费时间和精力开展培训活动

□培训的成本较高，一旦员工流失，公司就会遭受损失

6. 根据工作的特点，您认为最有效的培训方式是什么？（可多选）

□从外部邀请培训师到公司来开展集中培训

□到外部培训机构接受系统训练

□由公司内部有经验的人员进行讲授

□部门内部组织知识分享、经验交流会

□开展拓展训练并建立公司图书库

□建立网络学习平台

□其他（请说明）：＿＿＿＿＿＿＿＿＿

7. 您认为最有效的课堂教学方法是什么？

□课堂讲授　□案例分析　□情景模拟　□媒体演示　□游戏教学
□其他（请说明）：＿＿＿＿＿＿＿＿＿

续表

第二部分　培训认知调查
8. 以下培训师教学风格及特点，您比较喜欢或看重哪一种？ □实战性强，有丰富的案例加以辅助 □理论性强，讲课比较系统，条理清晰 □知识渊博，引经据典，娓娓道来 □授课形式多元化，互动参与性强 □语言风趣幽默，课堂气氛活跃 □激情澎湃，有感染力和号召力
9. 您认为一次培训活动开展多长时间您比较容易接受？ □半天　□一天　□两天　□三天　□公司安排 □其他（请说明）：＿＿＿＿＿＿
10. 对于目前公司开展培训活动的频率您觉得如何？ □绰绰有余　□足够　□还可以　□不够　□非常不够
11. 您目前的学习状态是？ □经常主动学习　□偶尔主动学习　□有学习的想法，但没有时间 □有学习需要的时候才会有针对性地学习　□很少有学习的念头
12. 您在最近一年参加过的培训有哪些？效果如何？请列举（包括公司培训、部门培训、外部培训班等）。 ＿＿＿＿＿＿＿＿＿＿＿＿＿＿＿＿＿＿＿＿＿＿＿
第三部分　具体培训需求信息
1. 您认为目前影响您工作绩效的主要原因是什么？（可多选） □分工不合理　□缺乏针对性的培训　□专业技能滞后于工作发展需要　□缺乏工作热情　□其他（请说明）：＿＿＿＿＿＿

续表

第三部分　具体培训需求信息
2. 您的培训需求主要是： □理论与知识　□政策与法规　□应用与操作　□交流与分享　□认证与进阶
3. 您认为个人在下一年度的培训需求重点在哪个或哪些方面？（可多选） □岗位专业知识和技能　□企业文化　□个人自我管理能力　□职业道德与素养　□职业生涯规划　□沟通技能 □其他（请说明）：＿＿＿＿＿＿＿＿＿
4. 您喜欢的培训课程类型是： □系统研修班　□专项课题　□学习小组，内部分享　□自学 □其他（请说明）：＿＿＿＿＿＿＿＿＿
5. 请列举出您认为对您的工作最有帮助的培训课程： ＿＿＿＿＿＿＿＿＿＿＿＿＿＿＿＿＿＿＿＿＿＿＿＿
6. 您在日常工作中遇到哪些问题时您会希望通过培训来解决？请您选择其中最重要的 1～3 个描述出来。 ＿＿＿＿＿＿＿＿＿＿＿＿＿＿＿＿＿＿＿＿＿＿＿＿
7. 您对公司后续开展培训活动（培训方式、培训内容、培训体系等）有哪些建议？ ＿＿＿＿＿＿＿＿＿＿＿＿＿＿＿＿＿＿＿＿＿＿＿＿

　　培训需求调研人员可以参考表 2-1 的内容并根据公司实际情况编制培训需求问卷调查表。表格制作好后可以打印出来，可以以纸质版的形式给培训对象，也可以给他们发送电子版，哪种形式更加方便就选择哪种形式，或者两种形式结合使

用。总之，要将问卷调查表发送到每一个与培训相关的员工手里，全面收集信息。

2.2.3　访谈调研

访谈调研是比较传统的一种调研方法，也是比较常用的调研方法之一。它是通过与被调研对象进行深入交谈，从交谈中获取信息和数据的一种调研方法。

访谈调研通常在面对面的情况下进行，由调研人员（也称"访谈员"）接触被调研者，就培训需求提出相关问题并要求被调研者作答。这个过程中，调研人员要将被调研者回答的内容及交谈时的动作行为详细地记录下来，这些都是分析被调研者的培训需求的重要信息。

相较于其他调研方法而言，访谈调研主要有以下两个作用。

一是共性作用。通过面对面的交谈更容易建立相互信任的关系，被调研者愿意对调研人员说真话，表达自己的真实需求，这样能够大大提升收集信息的效率。同时，访谈调研有利于实现充分沟通。充分沟通能够避免误解，还能够使调研人员深入了解被调研者的想法，有利于判断信息的真实性，获得有效信息。

二是全面了解培训需求。通过面对面的交谈，调研人员可以了解不同层级的员工的真实想法，如高层管理者、基层员工，进而可以更加全面、深入了解组织成员的培训需求。

那么，如何进行访谈调研呢？调研人员可以按照以下六个步骤展开，如图2-4所示。

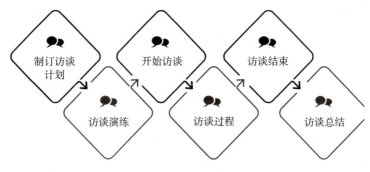

图2-4　访谈调研的步骤

（1）制订访谈计划

在这个环节，调研人员需要确定访谈目的并根据访谈目的准备相关资料，同时还要确定访谈对象并制定名单。要注意的是，访谈调研不同于问卷调研，不太可能对所有人都开展面对面交谈，所以要谨慎选择被调研者。例如，如果是为一些有工作经验的员工提供培训，那么在选择被调研者时要选择工作经验较丰富的员工，或者这些员工的上级；如果是为新入职的员工提供培训，那么在选择被调研者时要选择刚刚入职或者刚刚通过试用期的员工。

（2）访谈演练

在访谈之前，调研人员可以提前进行演练，目的是确保访谈效果。在演练的过程中，调研人员要善于总结经验，发现问题并及时更正。在这个环节，调研人员的主要任务是确定访谈时的问题以及问题的判断标准。

（3）开始访谈

在开始访谈的时候，调研人员要先向被调研者介绍访谈的目的，如"本次访谈的目的是想了解一下你在培训方面的需求。调研人员还要营造适合交谈的氛围，如"不需要紧张，放轻松，畅所欲言地表达自己的想法就行"。这里的目的介绍十分重要，很可能会影响整个访谈的效果。如果被调研者误解了访谈的目的，或许就不会告诉调研人员自己的真实想法。另外，如果被调研者很忙，又不知道访谈的意义，他们很可能会敷衍了事，进而大大降低访谈的效果。所以，访谈开始的时候调研人员就要开门见山地表明本次访谈的目的。

（4）访谈过程

在访谈的过程中，调研人员要认真聆听被调研者表达的内容，并及时给予反馈，如点头或者回答"是的"。同时还要认真、仔细地记录被调研者表达的内容，最好同时使用笔记本和录音笔进行记录。使用笔记本记录核心要点方便调研人员访谈结束后对资料进行整理，而使用录音笔记录的音频资料则可以最大限度避免信息的遗漏，为后期随时查找相关信息做好准备。需要注意的是，在录音之前一定要告知被调研者："本次谈话将会全程录音，录音资料仅供分析调研需求使用，请你放心。"

（5）访谈结束

访谈结束后调研人员要向被调研者表示感谢，如"非常感谢你抽出宝贵的时间参与这次访谈，我一定会采纳你的宝贵意见……"。同时，调研人员还要向被调研者确认笔记本中记录的核心内容是否有问题，有问题应立即更正。

（6）访谈总结

访谈结束后，调研人员要对记录的内容进行整理、归档。由于都是一些较为主观的记录，因此整理内容的时候最好让培训组织的相关人员都参与其中，尽可能客观地对访谈内容进行整理、分析。

一个完善的访谈需要花费的时间通常比较长，且不适合在大规模人群中开展调研，所以调研人员在选择这种方法进行培训需求调研的时候应谨慎，要根据实际情况合理选择被调研者。

2.2.4 资料调研

资料调研，顾名思义，是通过收集与培训相关的资料对员工的培训需求进行调研。资料调研有以下两个优点：不受时间和空间限制，调研人员可以随时随地收集资料；成本相对其他调研方式要低一些。

那么如何开展资料调研呢？

（1）确定资料来源

资料调研的关键是确定资料来源。调研资料一般分为第一手资料和第二手资料两种，调研者要想提升调研效率，就要收集这两种资料。

第一手资料主要是通过对组织成员进行访问，获取他们对培训的看法。这里与访谈调研有点类似，主要是通过面对面的交流，从员工处获取其对培训的真实想法。

第二手资料来源主要有企业内部信息、政府出版物、报刊和书籍、专业咨询公司或专业调查机构等。

第二手资料来源

企业内部信息：主要包括员工的个人业绩、相关表现，企业的损益表、资产负债表、发票、存货记录等。

> 政府出版物：主要包括中国统计年鉴、地方统计年鉴、科技统计年鉴、行业统计年鉴等。
>
> 报刊和书籍：主要包括一些商业期刊，如《销售与市场》《商业周刊》《新经济导刊》《科技日报》《中国金融报》《证券报》和一些专业书籍等。
>
> 专业咨询公司或专业调查机构：如中国期刊网、万方数据库、华通数据公司、赛迪咨询等。

调研人员在收集资料时还应注意以下三点（图2-5）。

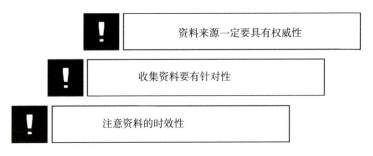

图2-5　收集资料时的注意事项

①资料来源一定要具有权威性

上文介绍的几种来源渠道都比较有权威性，从权威渠道取得的数据都比较可靠、有效。相反，一些通过非权威渠道收集到的资料可能只是一些个人感想，对调研培训需求的帮助不大。

②收集资料要有针对性

信息大爆炸时代收集资料比较容易，但是调研要做的不是简单地收集资料，而是要根据目的有针对性地收集资料。

③注意资料的时效性

世界瞬息万变，培训需求也会不断变化，因此为了应对变化，调研人员在收集关于培训需求的资料时就要注意资料的时效性。最好收集一年内的近期资料，最长不要超过两年。

总结来说，资料调研的第一步就是收集第一手资料和第二手资料，且要确保资料的有效性。

（2）对资料进行总结

为了便于后期对资料进行分析，收集资料后就要对所有资料进行整理、总结。调研人员首先可以对第二手资料和第一手资料分类整理；其次可以分别对第二手资料和第一手资料进行整理，将相似的资料归为一组。

资料调查可以全方位收集资料，进而可以更加深入、客观地分析企业的培训需求。但是资料调查也存在一定的弊端，主要的弊端是存在一定的局限性，调研人员无法预见可以获取哪些资料，还有就是收集的资料的适用性较差，对调研目的帮助不大，对调研人员的要求也比较高。所以，企业在选择资料调研法对企业培训需求进行调研的时候要结合资料调研法的优缺点谨慎考虑。

2.3
企业培训需求的分析

对企业的培训需求进行调研后，接下来的重点工作就是对培训需求进行分析，确定企业的培训需求。企业培训需求分析主要包括三个步骤：对培训需求信息进行归类、整理；对培训需求进行分析、总结；撰写培训需求分析报告。

2.3.1　对培训需求信息进行归类、整理

通过不同渠道、不同信息获取的培训需求调研信息通常比较混乱，培训人员很难从中分析、总结出企业的培训需求。所以，获得培训需求调研的相关信息后，培训人员还应对这些信息进行归类、整理。

对培训需求信息进行归类整理其实就是将相似的信息归为一类，通常培训需求信息可以分为组织需求、业务需求和员工发展需求三类。

①组织需求是指由于战略规划带来的需求

企业需要将企业的战略发展目标与人力资源规划相结合，找出企业高层管理人员、中层管理人员、基层员工在实现企业战略目标过程中所遇到的问题和障碍，找出他们的培训需求。

②业务需求是指由业务变化带来的需求

企业的业务会随着企业内外部环境的变化而变化，业务变化之后与之相应的业绩评价标准就要随之调整，即业务变化后企业对员工的能力要求也会产生变化。这个时候企业就要将业务调整后的职位要求与当前的职位要求进行比较，找出两者之间的差距，确定培训需求。

③员工发展需求是指胜任岗位需求和职业发展需求

胜任岗位需求主要包括员工因为需要掌握岗位任职资格技能，取得高绩效而产生的培训需求。职业发展需求主要包括，因为企业希望员工从自身职业发展目标出发，适应其岗位职能的变化不断学习新技能而产生的培训需求。

我们可以将收集到的培训需求信息根据信息的性质归为以上三类的其中一类。为了更加清楚地呈现信息的分类，便于后面对信息进行分析，我们可以制作一个表格（表 2-2）。

表2-2　培训需求信息归类、整理表

组织需求	业务需求	员工发展需求

上述的信息分类是一个比较广泛的分类，实际信息的分类并不是固定的，还可以被分为组织层面和员工层面，知识层面、专业技能层面和通用技能层面的需求信息。具体如何对信息进行归类整理需要根据信息的性质而定，总之要将相似的信息归为一类，总结共性，然后按照此方法对所有信息归类、整理。最后得到的就是逻辑清晰且属于同一范畴的一组组信息，这样的信息才便于后期进行分析、总结，从而提升工作分析效率。

2.3.2　对培训需求进行分析、总结

对培训需求信息进行分类、整理后，下一步就要对这些分类、整理后的信息进行分析，从中找出培训需求。在对培训

需求进行分析、总结阶段我们可以借助培训需求分析模型，认同度较广的培训需求分析模型是戈德斯坦三层次模型。戈德斯坦三层次模型是由 I.L. 戈德斯坦（I.L.Goldstein）、E.P. 布雷弗曼（E.P.Braverman）、H. 戈德斯坦（H.Goldstein）三人提出的一个模型，它将培训需求分析系统化并分为组织分析、工作分析和人员分析三个部分，如图 2-6 所示。

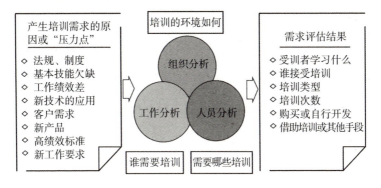

图 2-6　戈德斯坦三层次模型

（1）组织分析

组织分析是指从整体视角研究、分析组织的长期目标和短期目标，以及那些可能会影响组织目标的因素，从而确定企业的培训需求以及培训重点。组织分析的内容主要包括人力资源分析、效率指标分析和组织气氛分析。

人力资源分析是指将组织目标与人力资源的需求结合，为满足人力资源的各种需求而制订相应的培训计划。这样的培训项目可以帮助组织实现组织的人才需求与人力资源部门提供的人才完美匹配。

效率指标反映的是企业的效率状况，如工资成本。效率指标分析则是对这些指标展开深入分析，从而了解企业的效率状况。对效率指标进行分析之前应确定指标的标准，然后才能对照标准对组织效率进行评估，最后根据组织效率状况确认组织的培训需求。

组织气氛分析主要针对组织的工作气氛进行评估，了解员工在工作中的各种感受、想法。如果发现组织气氛对员工的工作产生了较大的影响，那么应当设计相应的培训项目，解决问题。

（2）工作分析

组织分析的核心在于站在企业战略角度，把握整个组织的培训需求。这种培训需求全局性比较强，无法反映具体工作的培训需求，缺乏针对性。所以，企业要想满足具体工作的培训需求，就要对具体工作展开分析，确定相应的培训需求。

进行工作分析时应掌握的信息

①每项工作所包含的任务。

②完成这些任务所需要的知识、技能、素质等。

---

③衡量该工作的可接受的绩效标准。

培训组织可以从国家部门制定的一些规范和标准中获取以上信息，也可以通过观察、查找、跟踪等方法从企业内部获取以上信息。

掌握以上三个方面的信息后，要对工作岗位上的人员工作现状进行评价。评价手段主要有行为观察、资料调查、访谈、能力考核，等等。

最后，培训管理人员可以将员工的现状与组织的要求或标准进行对比，找出两者之间的差距，分析差距存在的原因，从而确定培训需求。

（3）人员分析

人员分析，顾名思义，指对员工个人进行分析，确定员工个人的培训需求。在对员工个人的培训需求展开分析时，主要分析员工在实际工作中取得的绩效与组织要求其取得的理想绩效之间的差距和产生原因；或者对员工实际掌握的某方面的技能与工作职责要求员工掌握的技能之间的差距进行分析，从而确定员工个人的培训需求。

员工个人的培训需求分析的方法主要有观察法、技能考核、资料调查、员工自我评价，等等。

以上介绍的是常用且效果较好的培训需求分析法——戈德斯坦三层次模型。除了该模型，还有其他模型，如培训需求差距分析模型、前瞻性需求分析模型等，企业应当积极探索不同的需求分析模型，并根据实际情况选择更合适的模型，确定企业培训需求。

最后要注意的是，识别培训需求时应注意培训需求的不同。例如，有些需求是个人需求，有些需求是普通需求，有些需求是未来需求，有些需求是当下需求。只有厘清这些需求之间的关系，培训组织人员才能根据企业战略和业务发展需求，按照轻重缓急对这些需求进行排序，最先满足重要且紧急的培训需求，再满足次要需求。为此，可以召开由相关部门的主管、核心人员参加的培训需求沟通会议，对上述培训需求进行识别，厘清各种需求之间的关系，然后对这些需求进行排序，制订针对性的培训方案和计划。

2.3.3　撰写培训需求分析报告

完成了"对培训需求进行归类、整理"和"对培训需求进行分析、总结"这两个步骤后，下一步就需要根据这些信息和数据撰写培训需求分析报告，让相关培训人员了解培训需求分析的整个过程，明确培训需求分析的结论。调研人员在撰写培训需求分析报告的时候要注意，培训需求报告的结论一定要以调研时获取的真实信息为依据，不能从个人层面主观总结，得出结论。

培训需求分析报告是确定培训需求，并围绕需求设计培训课程、制订培训计划的依据，所以调研人员应认真撰写培训需求分析报告。下面是培训需求分析报告的结构。

培训需求分析报告的结构

一、培训需求分析实施的背景

即产生培训需求的原因或培训动机。

二、开展培训需求分析的目的和性质

简明扼要地阐述为什么要开展培训需求分析。

三、概述培训需求分析的方法和过程

清楚说明培训需求分析的方法与过程可以使企业管理者或企业培训人员充分了解整个培训需求分析过程，从而为企业管理者或培训人员对培训需求的判断提供依据。

四、阐明分析结果

结果部分与方法论部分是密切相关的，撰写者必须保证两者之间的因果关系，不能出现结果与方法论毫不相干、不能自圆其说的情况。

五、解释和评论分析结果，提供参考意见

这部分内容需要对最后的培训需求分析结果给出详细具体的解释和评论，并提供参考意见。例如，在培训需求分析中，要考虑到提供某方面的培训需求有哪些充足的理由、应当采取哪些措施改善培训、培训课程中应当包含哪方面的内容、其他较为经济的培训方案是否能达到相同的效果，等等。这部分内容可以围绕此类问题展开，对问题剖析得越详细越好。

六、附录

附录一般包括收集和分析资料用的图表、问卷、第一手资料和第二手资料，等等。在培训需求分析报告中添加附录，是为了方便培训人员或企业管理者对需求分析报告引用的资料、信息、数据等进行鉴定，进一步保障分析方法的科学性和结论的合理性。

七、报告提要

报告提要是指对报告中的要点进行概括，便于培训人员或企业管理者迅速了解、掌握报告要点，要求简洁明了。有些培训需求分析报告根据要求也可将报告提要写在报告的开头。

　　撰写者除了要了解培训需求分析报告主要包含哪些内容，在撰写报告时还应注意内容主次有别，详略得当，形成一份内容充实、重点突出的培训需求分析报告。为此，撰写者在撰写培训需求分析报告前应认真草拟提纲，按照一定的逻辑顺序撰写内容，撰写完成后还要仔细检查。

3

第 3 章

方案设计：

全面培训体系的设计与规划

　　对企业培训需求进行分析后，接下来就要基于分析结果展开全面培训体系的设计与规划。全面培训体系的设计与规划可以使培训工作按照预期结果有条理、有顺序、有效率地展开，从而促进培训目标的实现。全面培训体系的设计与规划主要应做好三件事：打造智慧型学习型组织、构建基于人才发展的系统性培训学习理念、全面做好企业培训规划。

3.1
打造智慧型学习型组织

　　新时代，企业之间的竞争已经演变为员工素质和能力之间的竞争，或者说是企业人才之间的竞争。在这种激烈的竞争环境下，只有具备高素质、高潜能的员工，才能成就优秀的企业。员工能否具备高素质和高潜能，除了要看员工本身已经拥有的素质和能力，还要看员工的学习能力。员工的学习能力越强，其素质和能力就会不断提升，变得越来越强。因此，打造智慧型学习型组织，促进员工不断地学习，最大限度地发挥自己的智慧，推动企业稳定健康发展，是新时代企业竞争的必然选择。

　　对企业而言，打造智慧型学习型组织不仅可以提升企业的竞争力，还可以帮助企业轻松面对企业内外部的各种变化，提升企业抵御风险的能力。同时，还能够帮助企业主动获取内外部信息，从而及时地调整内部结构、经营方式等以顺应时代的发展趋势。所以，在全面培训体系的设计与规划中必须包含打造智慧型学习型组织这项内容。

3.1.1　重视员工培训学习

智慧型学习型组织必然是一个善于学习的组织。因此，企业管理者要想打造一个智慧型学习型组织就必须重视员工的培训学习。

纵观国内外的优秀企业，不难发现这些企业之间有一个共同点：十分重视员工的培训学习。优秀的企业通常都会在员工的培训学习中投入大量的人力、物力和财力，将企业打造成智慧型学习型企业。

> 美国国际商业机器公司（IBM）每年在员工培训方面的投入多达 20 亿美元以上。IBM 根据员工的培训需求，创建了各种形式的培训机构，建立了网上大学和独具特色的"自助餐式培训"，通过各种方式对员工进行培训。
>
> 全球电子电气工程领域的领先企业——德国的西门子股份公司在国内外共拥有 600 多个培训中心，开设了 50 多种专业培训课程，每年参加培训的员工多达 15 万人。

高度重视员工的培训学习，通过培训学习将企业打造成智慧型学习型组织或许就是这些企业取得成功的关键原因。所以，企业要想打造智慧型学习型组织就必须高度重视员工的培训学习。

高度重视员工的培训学习主要体现在以下两个层面（图 3-1）。

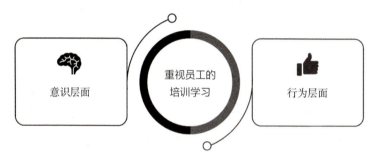

图 3-1　重视员工的培训学习

第一个层面：意识层面

企业领导者首先要具有高度重视员工培训学习的意识，要明确员工的培训学习对企业发展的意义，将员工的培训学习视为企业的工作内容之一。

第二个层面：行为层面

一些企业领导者虽然口头上一直强调员工的培训学习的重要性，但是出于种种原因，如培训成本高、内容烦琐等，从未采取实际行动。这种停留在口头上的对员工培训学习的重视没有任何意义和价值。如果企业真的对员工的培训学习非常重视，那就应当采取行动，如为团队制订完善的培训计划和具体实施计划，采取多元化的培训形式等。

总之，企业领导者要具有高度重视员工培训学习的意识，并积极采取行动，将员工的培训学习这项工作落到实处，全心全意打造智慧型学习型组织。

3.1.2 重新定位领导角色

建立智慧型学习型组织的关键在于企业领导者，要想打造智慧型学习型组织，就必须重新定位领导者的角色（图3-2）。在智慧型学习型组织中，企业领导者的身份应当发生转化，从

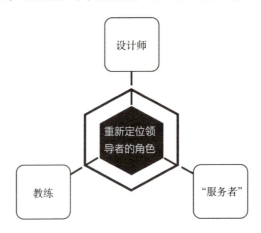

图3-2 重新定位领导者的角色

单纯的企业管理决策人员转变为整个组织的设计师、"服务者"和教练。

（1）企业领导者是整个组织的设计师

在智慧型学习型组织中，企业领导者是整个组织的设计师，负责对组织的各个要素进行整合、设计。企业领导者在担任整个组织的设计师的角色时，主要负责以下几项任务。

①设计组织发展的基本理念、使命、愿景、价值观

这些因素是组织发展的根本，也是组织得以长远发展的保障。

　　某企业发现市场上畅销的产品存在一些瑕疵，便立即将已经上市的几百万件产品下架。尽管损失十分惨重，但这一举动恪守了企业的使命——"消费者第一"，成功保住了企业的名誉。

当组织有明确的发展理念、使命、愿景和价值观时，组织的所有工作都会围绕这些因素展开，从而确保企业实现愿景、完成使命。所以，企业领导者作为整个组织的设计师，应当与组织的其他成员交流沟通，根据企业的实际情况，设计符合企业发展的基本理念、使命、愿景和价值观。

②构建组织结构、制定组织战略、设计组织规则制度

这些因素可以确保组织有条理、有顺序地开展工作，促进组织实现愿景，完成使命。同样，企业领导者应与组织其他成员沟通，根据企业的实际情况构建组织结构、制定组织战略、设计组织规则制度，让这些因素为愿景和使命服务。

③建立学习程序，营造学习氛围

建立学习程序是指企业领导者要为员工提供良好的学习环境，营造积极的学习氛围，督促员工不断学习，优化思维方式，以应对来自外界以及内部的各种变化。

（2）企业领导者是整个组织的"服务者"

知名管理学家罗伯特·K.格林里夫（Robert K. Greenleaf）（1904—1990）在《仆人式领导》（*The Servant-Leader Within: A Transformative Path*）中提到"仆人式领导首先是个仆人"。这里的"仆人"就是我们所说的"服务者"，强调的是企业领导者的态度。

在智慧型学习型组织中，企业领导者的"服务者"角色分为两个层次

①为自己所领导的人群服务

在智慧型学习型组织中，企业领导者应审慎使用权

力，尤其是不要滥用权力压制员工。企业领导者应当具有自然的服务意识，甘愿为员工服务，为员工提供帮助；要将观点、信息、权利分享给员工，进行资源共享；同时要鼓励合作，信任员工。

②为实现组织愿景和目标服务

企业领导者的"服务者"角色也体现在其为实现组织愿景和目标的使命感和荣誉感之中。为了实现组织愿景和目标，企业领导者应该自觉接受组织的号召，为组织服务。

（3）企业领导者是整个组织的教练

在智慧型学习型组织中，企业领导者的身份不再只是安排工作任务的人，而是整个组织的教练。这里的教练指的并非是因为自己能力强大而告诉组织成员如何去做的人，而是帮助组织成员树立正确的思维模式、认清现实的人。

作为整个组织教练的企业领导者要重点做好以下两项工作。

①帮助组织成员树立正确的思维模式

在智慧型学习型组织中，企业领导者作为教练，首先要帮助组织成员明确关于重要问题的思维模式。思维模式是处理问题、做出决策的关键因素，如果组织中存在的思维模式不利于处理问题、做出决策，那么企业领导者就要对组织的思维模式进行调整、优化。

②帮助组织成员认清真实

企业领导者作为整个组织的教练，其关键任务是界定工作中的真实情况，帮助组织成员认清真实情况，让组织成员可以不被表面的条件和事件牵绊住，探究问题的根本原因，从而提升组织成员自主学习的能力和分析、解决问题的能力。

当企业领导者能够在组织中扮演好设计师、"服务者"和教练这三个角色时，其身上就具有一种强大的创造力，这种创造力是打造智慧型学习型组织不可或缺的力量。

3.1.3　让员工学习成为可持续的行为

当今是一个知识密集型时代，在这种时代背景下，员工更要持续不断地学习，不断更新知识结构，积累知识。这就要求企业管理者要采取一定的方式让员工学习成为一种可持续的行为。

可持续的学习行为主要包括以下三个方面（图3-3）。

让员工学习成为可持续的行为
系统地从研究项目和产品开发中学习
让客户成为获取信息的外源
实现组织成员之间的资源共享

图 3-3 让员工学习成为可持续的行为

（1）系统地从研究项目和产品开发中学习

员工在组织中的主要职责是完成工作任务，常见的工作任务是参与研究项目和开发产品。这个过程其实就是学习的过程，员工可以系统地从研究项目和产品开发中学习。

研究项目和产品开发本身就是一个系统性的过程。研究项目的过程通常包括项目启动、制订项目计划、监督和跟进项目实施过程、项目的收尾，以及项目的后续维护。产品开发的过程通常包括产品的概念开发和产品规划、产品详细设计、小规模生产、量产、投入市场，等等。在这些系统的过程中，员工可以学习系统化、结构化的项目研究或产品开发流程体系，以及相关的知识和技术，提升自己的综合能力。例如，如果产品研发部要开发一款新产品，那么研发部员工要提出新产品的概念，然后对新产品进行规划、设计，直到新产品诞生。在这个过程中员工就可以进行系统化的学习，提升自己的综合能力。

所以，企业管理者要让员工学习成为可持续的行为，就必须培养员工在工作中学习的能力，尤其是系统地从研究项目和产品开发中学习的能力。

（2）让客户成为获取信息的外源

在工作中，员工应当将客户当作企业的一部分，让客户成为企业获取信息的外源。从客户上获取的信息主要分为两大类。

①客户信息

这些信息包括客户的背景、预算、决策等。这些信息都是非常有价值的信息，掌握了这些信息就可以有针对性地向客户提供方案，促进成交。

②市场信息

客户是市场的主体，他们是对市场比较了解的人，所以跟客户交流的过程其实就是获取市场信息的过程。通常还可以从客户处获取一些竞争对手的信息，了解竞争对手的动向。对市场信息和竞争对手的信息有了一定的了解后，组织可以更好地根据市场情况制定经营策略，提升市场竞争力。

可见，客户本身就是一个巨大的信息来源，员工要做的是让客户成为获取信息的外源，从客户身上获取一切有价值的信息。

那么，如何做才能让客户成为获取信息的外源呢？这就要求员工多与客户沟通，加强与客户之间的情感联结，这样客户自然愿意与你交流一些信息。但是在这个过程中，要注意不能刨根问底或刻意向客户打探想知道的信息，不能打探客人的隐私或其他企业的机密信息，尤其不能触碰法律底线获取相关信息。否则，将会影响客户的体验，破坏企业名声和信誉，得不偿失。

（3）实现组织成员之间的资源共享

打造智慧型学习型组织的重点是组织成员之间的资源共享，这样可以实现资源利用的最大化，提升团队整体能力。因此，企业管理者应加强组织成员之间的交流与沟通，实现组织成员之间的资源共享。

为此，企业管理者在平时的工作中要采取一些措施，如组织团队活动等，加强组织成员之间的联系，增强组织成员之间的信任，在此基础上员工才愿意主动与其他成员分享资源。同时，企业管理者可以建立系统的知识管理库，鼓励组织成员积极主动分享自己所掌握的知识、技能、经验、信息，并将这些纳入知识管理系统，实现真正意义上的全员资源共享、全员学习。

可持续的学习行为其实就是让员工可以在组织中随时随地进行学习，而智慧型学习型组织的核心任务就是倡导每一位员工持续不断地学习。所以，企业要想打造智慧型学习型组织，就必须让员工的学习行为可持续。

3.1.4 树立企业共性与员工个性统一的企业文化氛围

企业文化氛围是企业的灵魂所在，更是企业打造智慧型学习型组织必不可少的条件。良好的企业文化氛围能够凝聚员工，实现员工个人目标与企业目标的统一，实现企业共性与员工个性的统一。

企业共性与员工个性的统一是指尊重员工的个性，并将员工的个性融入企业的共性中，使两者统一，实现共赢。

员工是企业的核心资源，是推动企业发展的主要力量，也是智慧型学习型组织的主体。智慧型学习型组织的宗旨是倡导员工积极学习，通过学习不断提升自己、完善自己，从而为企业创造价值。这是实现企业共性与员工个性统一的前提。这就需要对员工进行必要的规范和引导，培训学习则是达成这一目标的最根本、最持久的路径。

　　归根结底，企业共性与员工个性统一的过程实际上是一个学习的过程。在这个过程中，企业可以通过各种培训形式，对员工施以思想、文化、技术、技能、行为、习惯等各个方面的影响和引导。这样才有可能统一员工的目标，实现企业战略目标与员工个人目标的统一性，从而促进每一位员工最大化地发挥自己的能力，在实现自己的个人目标的同时实现企业战略目标。

　　当企业共性与员工个性统一后，团队才能产生凝聚力和向心力，这是智慧型学习型组织必备的能力，也是企业发展的推动力。

　　实际上，要想打造智慧型学习型组织，不只要满足以上提到的要求，它还要贯穿企业的整个发展过程。学习始终是企业持续发展的保障，无论是在过去还是在未来，优秀的企业一定是智慧型学习型企业。因此，现代企业应该将打造智慧型学习型组织当作战略性目标。企业管理者应树立先进的理念，深刻认识打造智慧型学习型组织对企业发展的决定性作用，努力将企业打造成智慧型学习型组织。

3.2
构建基于人才发展的系统性培训学习理念

全面培训体系的设计与规划离不开系统性培训学习理念。基于正确的系统性培训学习理念行事，企业才能设计与规划出完善的全面培训体系，为企业打造满足其需要的优秀人才，而正确的系统性培训理念一定是基于人才发展的目标构建的。企业要想构建基于人才发展的系统性培训学习理念，不仅要上接企业战略，下接工作能力绩效，还要做到三个满意——学员满意、培训组织满意、企业满意。

3.2.1　上接企业战略，下接工作能力绩效

全面系统培训方案设计必须上接企业战略，下接工作能力绩效，让培训融入企业的运营中，促进企业发展（图3-4）。

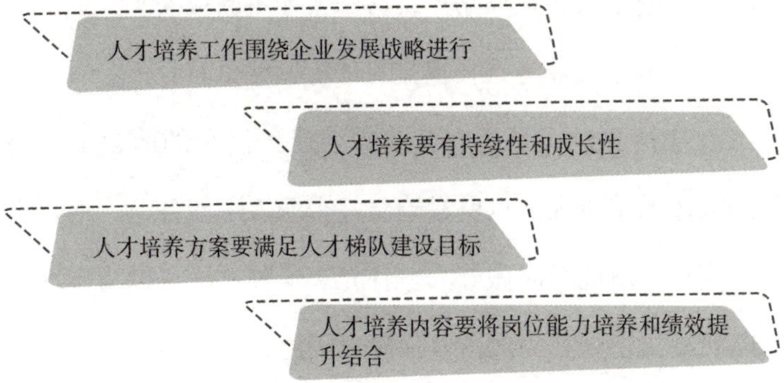

人才培养工作围绕企业发展战略进行

人才培养要有持续性和成长性

人才培养方案要满足人才梯队建设目标

人才培养内容要将岗位能力培养和绩效提升结合

图3-4　上接企业战略，下接工作能力绩效

（1）人才培养工作围绕企业发展战略进行

企业的一切行为都是为实现企业发展战略服务的，人才培养工作也是如此。因此，企业管理者在设计人才培养方案时，应认真解读企业的战略发展目标，将人才培养的规划与企业发展战略进行有机结合，这样的人才培养才能满足企业发展的需要。

（2）人才培养要有持续性和成长性

企业的长远发展目标是实现可持续发展，那么企业的人才培养也应从这个角度出发，要确保整个人才培养有持续性和成长性，从而帮助企业实现可持续发展。

具体来说，企业管理者应对培养对象有系统的培养规划，以满足后备人才储备的不断升级。这样可以确保整个人才培养的持续性。同时，企业管理者要结合实际，有方向、有侧重、有方法地制定人才培养路径，帮助人才不断成长。

（3）人才培养方案要满足人才梯队建设目标

人才梯队建设是指在企业需求已经满足的前提下，提前培养人才的接班人。也就是建立好企业人才储备池，一旦出现人事变动，就能及时做好人才补充。这种方法可以为实现企业战略目标提供强有力的人才保障。因此，人才培养方案要紧贴企业的人才梯队建设目标，培养体系的项目设计要符合未来工作岗位对员工的能力要求。

（4）人才培养内容要将岗位能力培养和绩效提升结合

大多数企业在设计培训方案时将重点放在培训师、培训课程上，他们忽略了培训的本质需求——业务需求，也可以说是岗位能力和绩效提升的需求。企业管理者要想将培训转化为绩效，在设计培训方案时就需要将培养岗位能力和绩效提升结合。

培训组织的管理者应与业务部门的管理者沟通，根据业务部门的实际情况和团队能力的现状分析，确定人才需要提升的岗位能力，考虑这些能力需要通过什么样的形式来培训，需要引进什么样的培训课程，或者需要自主开发什么样的培训课程。找到这些问题的答案，便可以针对性地制订培训方案，提升岗位能力和绩效。

总之，只有培训方案与岗位能力和绩效紧密结合，培训才能促进企业战略的实现。

当企业的培训方案工作能够做到"上接企业战略，下接工作能力绩效"时，这个培训方案的价值就凸显出来了。因此，企业管理者在设计培训方案时，一定要树立"上接企业战略，下接工作能力绩效"的设计理念。

3.2.2 企业培训要做到三个"满意"

培训设计总体来说要做到三个"满意"，即"学员满意、培训组织满意、企业满意"（图 3-5）。

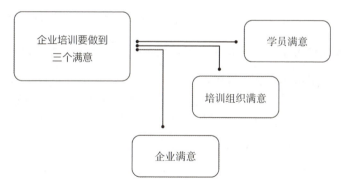

图 3-5 企业培训要做到三个"满意"

（1）学员满意：让学员接受整个培养过程

培训的主体是学员，培训的本质是满足学员的培训需求，帮助其提升某方面的能力。所以，企业培训首先要做到让学员满意，让学员接受整个培养过程。否则，培训只会沦为形式主义，浪费学员的时间，增加企业的成本。

企业培训要想让学员满意应注意的事项

①培养目标不能脱离实际情况，要能帮助学员解决实际工作中遇到的问题。换而言之，培训要满足学员的培训需求。

②培训形式不能单一枯燥，应当多元化。培训形式多元化才能激发学员的参与兴趣，促进他们积极学习。

③对培训的考核和效果评估要做到公平公正，且能让课程内容真正地落实到具体岗位和实际的工作场景中。只有这样做才能让员工感受到培训带来的价值，员工才愿意接受培训并积极参与其中。

（2）培训组织满意：将培养方案层级化

培训组织满意是指培训组织对此次培训取得的结果非常满意，可以将本次培养方案层级化。这是一个很难达到的层次，但这几乎是所有培训组织的最终追求。

培训组织要想实现将培养方案层级化，就要参与企业人才队伍建设规划，树立企业员工教育为企业发展助力的意识，全身心为企业培养需要的人才，壮大企业的人才队伍。

（3）企业满意：解决人才梯队断层问题并弥补岗位人才能力短板

企业满意是指企业对培训结果十分满意，这个满意主要体现在培训可以解决人才梯队断层问题并弥补岗位人才能力短板。

企业培训要想让企业满意应注意的事项

①拓宽储备干部的思维和视野，提升他们的知识储备量，拓宽他们的知识面，全面提升储备干部的综合能力。

②提升员工的岗位胜任力，同时将员工个人技能变成共享财富（内部知识管理），并建设组织人才（储备干部）库。

当培训组织满意、培训学员满意、企业满意时，培训项目就基本上满足了所有人的需求，帮助每个人都实现了自己的目标，这就是成功的培训项目。

3.3
全面做好企业培训规划

要想全面做好企业培训规划应遵循四个原则：长期培训规划重在阶梯性、中期培训规划重在持续性、年度培训规划重在实用性、项目培训规划重在落实性。

3.3.1 长期培训规划重在阶梯性

长期培训规划是指企业根据战略目标系统性地制定三年到五年的总体人力资源培养培训规划，通过分解战略目标制定符合企业战略发展的人才队伍阶梯式建设规划。所以，长期培训规划重在阶梯性。

如何制定具有阶梯性的长期培训规划？

长期培训规划应重点关注两个业务：核心业务和新兴业务。

核心业务是指企业的主要业务，与之相协调的人才战略是积累战略。积累战略重视对员工的遴选，重点关注员工潜力个性与组织的匹配度，通过岗位培训帮助员工发展出一套与具体业务相关的能力组合。

新兴业务主要用来应对不断变化的市场环境，所以要求企业培训管理者要不断更新产品，做好产品创新工作。为此，要安排专业的人员负责新兴业务，不断创造新产品、发现新市场、开创新服务，从而发现更多的商业机遇。相关负责人要注意的是，将新产品推入新的市场往往要求企业拥有较强的创意和创造力，因此，新兴业务需要有专门的管控体系以及快速配置资源的能力。

外界环境的不断变化意味着新兴业务的环境也会不断发生变化，所以与之相匹配的人才战略也应改为效用战略。效用战略关注的重点是员工能否将全部能力投入业务发展需求中，不太关注员工对工作结果做出的承诺。因此，企业选拔人才时应重点关注人才能力与企业业务发展需求之间的匹配度。

总结来说，企业要做好长期培训规划就要重点关注核心业务和新兴业务，并采用与业务相协调、相匹配的战略。

3.3.2　中期培训规划重在持续性

中期培训规划主要针对三年以内的人才发展需求，做好人才队伍建设，构建结构性人才的培养体系，建设完善的人才培养路径，搭建符合企业业务管理特点的人才培养系统。

中期培训规划的重点是成长业务，与成长业务相匹配的战略是协同人才战略。协同人才战略的核心是一个"新"字，即要积极开拓新的市场，并且要为团队引入新的人才，所以协同人才战略鼓励企业从外部招聘人才。同时，保持已有市场，鼓励从内部发展人才。因此，企业在制定中期培训规划时需要采取人才配置策略，做到内外选拔相结合。另外，协同人才战略重点关注的问题有两个：人员的配置是否合理，团队的设计是否灵活。企业只有解决这两个问题，才能满足企业经营战略上的双重要求。

3.3.3　年度培训规划重在实用性

年度培训规划应围绕企业年度人才目标的需求能力对标需求制定，要通过细致的调研分析设计出切实满足现实人才需求的、符合人力资源管理要求的培训需求和培训目标。简单地说，年度培训规划重在实用性，可以帮助企业实现人才培养目标。

年度培训规划主要包括以下四个方面的内容。

（1）培训目标

企业要通过细致的需求调研、分析，确定培训目标。

例如，通过培训提升员工的服务意识、管理服务水平，掌握某种技能。

（2）培训原则

年度培训规划是一个长期工作，必须制定一定的原则，确保年度培训规划可以按照计划顺利地推进。

例如，培训原则为"统一计划、统一内容、统一考核"。

（3）培训方式

制定年度规划的时候要确定培训方式。

例如，参与人员：全员参与，分阶段、分部门参与培训。培训方法：集中授课、公开讨论、分析案例。考核方式：口试（现场提问）、笔试（每个阶段的培训结束后进行闭卷考试）。

（4）培训内容及时间安排

企业管理者要根据培训目标、企业需求和学员需求制定培训内容，并要根据工作日程安排确认培训时间。

> 例如，培训内容主要分为两大类：公共课程培训和岗位课程培训。
>
> 公共课程的培训内容为……岗位培训的具体内容为……
>
> 培训时间为每个月月末……

以上介绍的年度培训规划涵盖了一般培训会涉及的主要内容，但不同企业的性质不同，培训需求不同，培训年度规划的内容也会存在差别。所以，企业管理者还应根据企业的实际情况制定年度培训规划，年度培训规划的内容越细致越利于培训目标的达成。

3.3.4 项目培训规划重在落实性

项目培训规划主要是以人才能力培养和工作绩效为依据，在项目培训规划的实施过程中，人们重点关注的是项目实施的后续检查评估及员工能力改善效果，目的是让培训内容转化为实际行动，落实到具体岗位。也就是说，项目培训规划重在落实性。

某企业的某项目培训规划方案

1. 培训的目的和目标

培训的目的是让管理人员和技术人员可以熟练掌握某种技术，提升其处理故障的能力；提升管理人员和技术人员的应变能力。

培训的目标是管理人员和技术人员全面掌握某种技术，达到上岗要求。

2. 培训对象

本项目的主要管理人员和技术人员。

3. 项目培训的主要内容

培训内容主要包括所供给设施的技术性能、安装调试、保护养护等。

4. 项目培训的具体安排

本次项目培训主要分为三个阶段：准备阶段、培训阶段、考核阶段。

准备阶段：想要更好地做好项目培训，就要对员工的培训需求进行调研。所以准备阶段的重点工作是了解员工的基本状况及培训需求。

培训阶段：根据培训需求设置培训课程并开展培训。

培训课程内容为：硬件系统故障剖析法、服务器保护、软件安装及维护等。

整个培训为五个工作日，每日培训时长为六个小时。详细培训内容如表3-1所示。

表3-1 培训具体内容

培训内容	培训目标	授课人
项目结构	熟悉并了解整个项目的具体结构	
项目原理	构成原理、设计原理、实施原理	
系统操作	相关设施设备的操作流程与方式	
故障判断	判断系统发生故障的原因并提出解除故障的方案	项目工程师
系统维护	如何维护系统及相关注意事项	
现场指导	培训师进行现场解说和指导	

考核阶段：设计考核方式，对学员的培训成果进行验收，并安排员工将所学投入实践，积极实施项目。

企业在制定项目培训规划时可以参考案例中的内容，但具体内容还应视项目的具体性质、员工的需求而定。需要重点强调的是，项目培训规划一定要细致，要重点关注培训结果的转化，确保培训符合实际。

4

第 4 章

质量管理：

全面培训体系的质量管理与保障

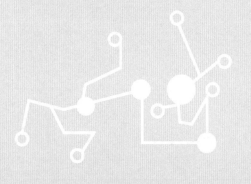

　　为了保障培训能够顺利地进行，培训组织者还应该针对不同的培训项目成立专业的服务团队，并派专职项目经理全面管理该培训项目，确保培训工作及时、有效、高质量地开展，圆满完成培训任务。

4.1
培训现场质量管理

　　培训现场质量管理的好坏往往决定了培训能否按照原定计划顺利地展开，达到理想的培训效果。因此，培训组织者应做好培训现场的质量管理。培训现场质量管理应由培训专员负责，主要工作任务包括培训开始前的工作、培训课间及课后的管理、培训成果可视化和展示等工作。

4.1.1　培训开始前的工作

　　良好的开始等于成功的一半，培训工作也是如此，在培训开始前就要做好充分的准备工作，具体的准备工作如图 4-1 所示。

（1）课前联系学员

　　正式开课的前一周，培训组织的相关负责人要以短信的形式通知每一位学员培训的相关工作安排和培训的时间、地

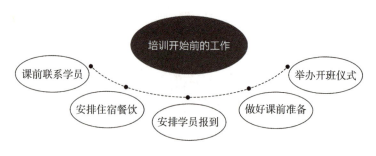

图 4-1 培训开始前的工作

点，并要求学员收到后回复。若有学员没有回复，那么相关负责人应该以电话的形式通知学员。总之，要确保每一位学员都收到培训的相关信息。同时，对有调换培训时间（班次）的学员应提前给予协调，并明确告知其调换后的培训时间（班次）。

此外要注意的是，虽然培训有明确的时间和地点，但是很多时候计划赶不上变化，因此，在培训前的两三天，培训专员还需与领导、培训师再次确定培训的时间和地点。一旦培训的时间和地点有变动，一定要及时通知学员，避免他们因为时间冲突而无法参加培训。

（2）安排住宿餐饮

培训地点可能离学员居住的地方比较远，还可能存在异地培训的情况，在这种情况下培训组织者在培训前就要提前安排好学员的住宿和餐饮的相关事宜。培训专员应提前与培训基地沟通，并进行实地考察，然后再根据学员的需求、意愿为学员分配房间，还要根据用餐标准确定具体食谱。这样可以让学员在紧张的学习之余享受愉快的生活。

（3）安排学员报到

培训组织者给学员发送的培训通知内容中要告知学员培训开始的时间，通常要求学员在培训开始前 15 分钟或 30 分钟到达培训现场签到。在签到时间的前半个小时到一个小时，培训专员应准备好学员签到用的物品，如布置签到台，准备签字笔、签字本以及培训日程安排和课件。学员签到结束后，培训专员要将培训日程安排和课件以及其他资料发放给学员，让他们提前了解培训的相关内容。

（4）做好课前准备

课前准备是培训开始前的重点工作，培训专员要多花一些时间和精力做好课前准备工作。课前的准备工作主要包括布置场地、建立培训学员交流群以及准备学习资料。

①布置场地

培训组织应在开班前一天到培训地点布置场地，包括准备学员座位牌、培训会标、教学设施设备、学员用的纸和笔，拉横幅，贴标语，制作并张贴纪律看板等。最后还要检查电源、计算机、麦克风、投影仪、空调、音响、扩音器等是否正常可用。

②建立培训学员交流群

学员开班前，培训专员要根据培训项目需求建立学员交流群，便于学员在课后和实际工作中交流学习心得和工作心得。

③准备学习资料

培训组织者要为学员准备培训的相关资料，通常包括学员学习课件、学员手册、学员证等。

（5）举办开班仪式

为了提高学员的热情和积极性，培训开始前建议培训组织者举办开班仪式。开班仪式上，应安排相关领导讲话，讲解培训日程安排、相关管理措施以及培训结束后的在岗锻炼和培训知识转化等内容。最后还应当发出号召，鼓励学员努力学习，实现培训目标。

一场高效的培训，除了要有专业的培训师、优质的培训内容，培训开始前的准备工作也是必不可少的。准备工作没有做好，很可能导致培训无法按照计划顺利地进行。因此，培训组织不能忽视培训开始前的工作的重要性，要充分做好相关的准备工作。

4.1.2　培训课间及课后的管理

培训课间及课后的管理是培训现场质量管理的重点内容，培训组织者应认真做好这两个方面的管理工作。

（1）培训课间的管理

培训课间是指两节培训课程之间的间隔时间，是培训组织为学员安排的休息时间。课间的时间虽然比较短，只有几分钟或十几分钟，但是做好这段时间的管理工作可以大大提升学员的培训体验，提升培训现场的质量。

为了提升学员的培训体验，培训课间管理应做好以下四项工作（图4-2）。

培训课间管理应做好的工作
为学员准备一些茶水和点心
播放一些舒缓的音乐，或组织一些小游戏，或做课间操
鼓励学员课间积极沟通，交流课堂上学习的知识
鼓励学员就课上不懂的问题在课间向培训师提问

图 4-2　培训课间管理应做好的工作

除了要做好以上四项工作，培训组织者还应当要求学员在课间注意以下五个事项。

在进行培训课间管理时应提醒学员注意的事项

① 学员在课间休息期间，不得大声喧哗，不得在教室和走廊追逐、嬉戏、打闹，避免撞伤或摔伤。

② 学员应正确使用教室里的设施设备，避免损坏设备。

③ 课间休息期间，学员不要随便外出，以防错过上课时间。

④ 学员进入厕所不要拥挤，防止出现踩踏事故。

⑤ 课间与其他学员发生矛盾时，学员要及时报告培训专员，防止矛盾激化发生打架斗殴事件，造成不良后果。

总之，在培训课间，培训专员或培训师要明确告诉学员哪些事情可以做，哪些事情不可以做。

（2）培训课后的管理

做任何事情都要有始有终，做培训更是如此，培训组织者要做好培训开始前的工作和培训课间的工作，更要做好培训课后的管理工作。培训课后的管理工作主要是让学员了解自己在课堂上收获的成绩，并帮助学员巩固学习成果，提升整体的培训效果。

首先，课后要反馈当天的学习情况。当天培训课程结束后，培训专员要及时公布学员、小组积分情况，让学员充分了解自己的积分成绩。其次，要予以及时的辅导和帮助。公布成绩后，培训师可以帮助学员就取得的成绩进行分析、总结，找出自己存在的问题并改进。如果学员在学习的过程中遇到难题，那么学员可以在课后可以向培训师请教，培训师要耐心、认真地与学员沟通，帮助学员解决问题。总之，要尽可能确保学员对当天的课程没有遗留问题，并可以最大限度地吸收当天学习的内容。

　　培训课间和课后虽然是学员的自由时间，但是这个自由也是相对的，培训组织应当让学员知道这段时间可以做什么、不可以做什么，以及如何有效利用这段时间，使这段时间的价值最大化。

4.1.3　培训成果可视化和展示

　　培训成果可视化和展示其实就是让培训组织和学员都可以直观地看到培训成果，并对培训成果进行分析、总结，然后培训组织优化培训方案、改进培训方法，不断地提升培训成果，学员可以优化学习方法，提升学习效果。

（1）培训成果可视化

培训成果可视化的方法主要有以下两种。

①录像、摄影

　　录像、摄影可以直观且生动地呈现培训成果，实现培训成果可视化。为此，在培训工作开始前，培训组织者就应安排专员对培训过程进行全程录像、摄影。培训结束后，培训专员要从录像和摄影的素材中选取比较精彩的片段，或者能够呈现培训结果的片段，并对这些片段进行剪辑、制作。

最后，培训组织者要将制作好的内容提交给培训部门和相关职能部门。对于培训组织而言，后期开展培训项目时可以参考录像、摄影内容。也就是说，录像、摄影的内容可以为调整、优化培训方案提供科学的依据。对于相关职能部门而言，可以通过录像、摄影内容了解学员的学习情况，然后可以据此为学员提供相应的实践机会或进行进一步的指导，帮助学员进一步转化学习的内容。

②数据可视化

培训专员可以在培训开始前、培训课间、培训结束后通过问卷调查和随机采访等方式，收集学员心态层面、行为层面和绩效层面的相关数据，然后将这些数据以图表的形式呈现，这也是培训成果可视化的一种有效方法。

以上两种是常见的培训成果可视化的方法，培训组织也可以积极探索更多的培训成果可视化方法，让培训成果看得见，摸得着。

（2）培训成果展示

培训成果可视化之后，培训组织者还应采取一定的方式将这些成果展示出来，让学员、培训师以及培训需求部门看到成果，以及成果背后的"秘密"。这样他们才知道如何进一步提升、优化培训效果和学习效果。

培训成果展示的方法主要有以下两种。

培训成果展示的方法

①培训组织者可以在每期培训结束后将培训相关的视频和摄影资料制作成网页并发送给学员、培训师和培训需求部门，以便大家根据自己的需要查看、分析、总结培训效果。

②将相关数据、图表打印出来张贴在培训室的公示栏上，让学员和培训师直观地看到培训成果。

培训成果可视化不只是简单地呈现培训成果，其本质是为了探寻成果背后的意义。通过对培训成果的总结、分析、探索和学习，可以帮助培训师优化培训方案、改进培训技术，同时可以让学员直观地看到自己在本期培训中的收获，从而不断改进自己，提升学习效果，还可以帮助培训需求部门进一步明确培训需求和方向。所以，培训组织者要深刻认知培训成果可视化和展示的意义和价值，并采取合适的方法实现成果可视化和展示。

4.2
培训过程质量管理

培训组织者应按照培训服务和管理的标准流程对培训过程进行质量管理，确保培训项目质量。培训过程质量管理主要应做好三个方面的工作（图4-3）。

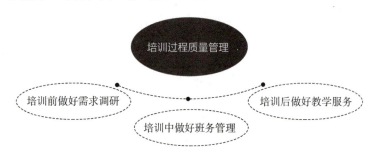

图4-3　培训过程质量管理

4.2.1　培训前做好需求调研

导致培训效果不好的很大一部分原因是培训内容无法满足学员的需求和企业发展的需求，因此培训组织者在培训前一定要做好需求调研，然后根据调研结果制订合适的培训计划和内容。

> 做好培训需求调研应回答以下四个问题：
>
> 企业的战略发展方向是什么？
>
> 为实现这一战略需要进行哪些培训？
>
> 需要培训到什么程度？
>
> 满足什么要求？

以上四个问题是从企业的角度考虑，除此之外还要从员工的角度考虑以下两个问题。

> 从员工的角度考虑以下两个问题：
>
> 员工希望得到什么样的培训？
>
> 培训内容是否符合企业的战略发展方向？

培训需求调研的第一步就是回答以上几个问题。此外，关于培训需求的理解、培训需求调研的具体方法，以及培训需求的分析方法在第 2 章中有详细、具体的介绍。培训组织可以通过第 2 章介绍的概念和方法，确认企业的培训需求，从而制订有针对性的培训方案，促进企业发展。

4.2.2 培训中做好班务管理

班务管理是培训组织日常工作教研当中的重要课题，做好班务管理，才能确保培训工作可以顺利地开展。培训中的班务管理主要围绕三件事展开（图4-4）。

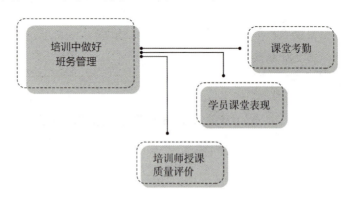

图 4-4 培训中做好班务管理

（1）课堂考勤

做好课堂考勤管理有利于形成良好的班风、学风，提升培训效果。为规范课堂考勤，培训组织应制定课堂考勤规则。

课堂考勤规则的主要内容

①考勤时间

自培训班开班至培训结束或学员因故离开、自动放弃培训之日止。

---

②考勤方式

通过培训助理或培训师点名、学员签到等形式进行考勤。

③考勤办法

考勤办法应根据培训项目的要求制定。例如，学员必须按时参加培训，原则上不允许请假，确因特殊原因不能参加培训需请假者，必须经由本人向主管部门和培训部请假；考勤以授课节次为单位进行考勤；上课时擅自离开教室，以早退计；无故旷课一天及以上，取消培训资格。

具体的考勤内容应根据培训项目的具体情况进行设计。

（2）学员课堂表现

在培训过程中，培训助理应认真记录学员的课堂表现。学员课堂表现的主要内容包括回答问题的次数、参与课堂讨论的情况、课堂纪律等。培训助理可以制作一张表格用以记录学员的课堂表现（表 4-1）。

表 4-1　学员课堂表现记录表

学员课堂表现	
回答问题的次数	
参与课堂讨论的情况	

续表

学员课堂表现	
课堂纪律	

课后，培训助理应对学员课堂表现情况进行整理，然后将记录的内容张贴到教室的墙上或发布到学员交流群中，让学员看到自己在课堂上的表现。这样做的目的是让学员可以在下一节培训课中调整自己的状态，争取表现得更好。

（3）培训师授课质量评价

培训师也是班务管理工作中的重要角色，因此班务管理工作中少不了"培训师授课质量评价"这一项内容。培训结束后，培训专员要向学员发放"培训师授课质量评价表"，收集学员对培训师的授课质量、内容以及项目组织的相关意见，便于培训师后期改进。评价表主要内容可参见表4-2。

表4-2 培训师授课质量评价表

培训项目：		授课培训师：				
评价人：						
授课起止时间： 年 月 日 时 分至 时 分，时长： 分钟						
评价指标	评价参考内容		优秀	良好	一般	差
教学状态	情绪饱满、声音洪亮、语言清晰、肢体语言使用恰当					

续表

评价指标	评价参考内容	优秀	良好	一般	差
教学状态	备课认真、授课内容准备充实				
教学基本内容	基本理论、概念讲授准确、清楚				
授课条理性	授课逻辑严密，条理清楚；讲清难点，突出重点				
联系实际	理论联系实际，有补充、更新的教学内容				
讲授灵活性	讲授深入浅出，易于领会，沟通互动好评，课堂气氛浓烈				
教学安排	讲授时间安排合理，PPT 排版简洁明了，条理清晰				
综合评价：					

　　培训师授课质量评价表的具体内容应根据培训项目而定。培训师授课质量评价表应在培训课程结束后统一发放给学员填写，便于统一收集信息。

　　培训中做好班务管理其实就是管理好课堂、学员、培训师这三个课堂上的核心要素，这三个核心要素的质量有了保障，班务管理的质量就有了保障，进而才能提升整个培训过程的质量。

4.2.3　培训后做好教学服务

任何事情都要有始有终，培训过程的质量管理也是如此，这就要求培训组织在培训结束后要做好教学服务。在教学服务方面，培训组织主要应做好培训视频制作、微课制作等方面的工作。

（1）培训视频制作

在本章"培训成果可视化和展示"中我们提到，培训组织可以安排专员对培训过程进行全程录像、摄影。培训结束后，培训专员要从录像和摄影的素材中选取比较精彩的片段，或者能够呈现培训结果的片段，对这些片段进行剪辑、制作。制作出来的视频除了提交给相关职能部门，还可以发布到学员交流群，帮助学员回顾课程内容，加深对学习内容的理解和记忆。

（2）培训微课制作

培训微课制作是指将培训师上课的视频或者音频录制下来，制作成时间在半个小时左右的视频或音频课程。培训组织者可以安排有经验的专员，对培训师上课的内容进行录制和剪辑，要确保内容丰富、逻辑顺畅。微课制作完成后除了要发给培训部门和相关职能部门留档查看，还应当上传到企业的学习网站或发送到企业内部办公系统，或者发送给学员，供学员随时随地地学习。

对学员来说，培训微课制作是一个比较有价值的教学服务，主要原因有以下两点。

①学员可以通过微课再系统地学习一遍培训内容。

②当学员对某部分内容不理解时，可以随时随地在线观看微课视频，帮助自己进一步理解相关内容。

培训微课制作这项工作不仅对参与培训的学员比较有价值，对培训组织同样有较大的价值。因为当学员或企业需要此类培训，但是学员的时间和地点受限时，学员可以通过线上微课参加培训，而且这个资源是可以反复利用的。

所以，无论出于哪一个角度考虑，在条件允许的情况下，培训组织者都应当安排专业人员做好培训微课制作这项培训结束后的教学工作。

4.3
培训学习质量管理

培训组织者要按照培训项目的质量管理标准对学员进行全面学习质量管理，以保障学习质量，达到培训目标。培训学习质量管理可以采用学习积分管理制和班委管理制这两种方式。

4.3.1 学习积分管理制

学习积分管理制是指以积分的形式对学员的学习进行管理，促进学员学习，提升学习效果。学习积分管理一定要做到公平、公正，这样才能起到激励学员积极学习的效果。要做到这一点就要制定学习积分管理的相关规则，规则涵盖的内容包括以下七个方面。

（1）积分目的

例如，为了充分调动学员培训的积极性，提升培训效果，特制定本学习积分管理制度。

（2）适用范围

例如，本制度适用于参与培训的所有学员。

（3）积分要求和目标

例如，积分主要根据学员在出勤，课堂纪律（随意走动、倒水、上厕所等行为），课堂互动（积极回答问题和思考），学习考试，训后汇报（行动改善计划）等方面的表现进行积分。总积分为 100 分，学员平均积分不得低于 60 分，具体的积分要求和目标应根据实际培训项目制定。

（4）积分方法

积分方法

① 考勤方面

例如，培训基础积分为 15 分 / 次，参加培训即可获得 15 分。未正常参加培训的根据不同原因进行扣分，如迟到早退扣 5 分 / 次、无故旷课扣 20 分 / 次。

②学习方面

例如，课堂表现积极，如积极回答问题，可以得到 5 分 / 次。培训后提交培训总结，可根据总结内容获得 10 ~ 20 分不等。考试作弊一次扣 10 分。上课玩手机，做与课堂无关的事情扣 5 分……

---

③作业方面

例如，忘记上交作业每次扣1分。没有完成作业每次扣3分。作业完成不过关扣1分。准时上交作业每次加1分。作业优秀，被培训师表扬加3分……

④劳动卫生方面

例如，不积极参与卫生大扫除扣3分。自己座位附近有垃圾扣1分……

⑤纪律方面

例如，打架斗殴每次扣5分。偷窃他人物品每次扣20分。住校晚归每次扣5分。课间在教室、走廊故意大声喧哗、追逐、打闹每次扣4分……

积分的方法有很多种，以上列举的是比较常见的积分方法，具体还应根据培训项目而定。

（5）积分程序

培训结束后，培训组织的相关人员要对学员积分进行汇总，制作成表格，并提交相关部门使用。

（6）奖惩办法

奖惩办法是学习积分管理制中必不可少的部分，通过奖惩才能让学员看到积分的价值，从而为了争取更高的积分积极、努力地学习。奖惩办法应以奖励为主，惩罚为辅。

对于积分达标且高于达标分数的学员，企业可以发放相应的奖励，鼓励学员再接再厉。

积分不达标的学员，将无法晋升、加薪、参与评优。

（7）其他事项

每期培训都要计算积分，学员在培训期间的所有培训项目都有一定的分值。

以上介绍的是学习积分管理制应包含的内容，但具体的内容应根据培训项目的性质和目标而定。

4.3.2　班委管理制

班委是由班长、学习委员、生活委员等共同组成的，班委管理制就是安排这些人对班级进行管理。培训班也可以成立班委会，对培训学员进行学习管理。一个完善的班委管理制应制定规范的班委工作职责和每天的工作规定，使班委可以真正地发挥作用，全程为培训师提供必要的支撑和教学服务。

（1）班长

培训班的班长是班级管理任务的主要负责人，主要有以下四项职责。

班长的主要职责

①主持班委会工作，监督提醒本班班干部做好本职工作，确保班委会工作正常开展。

②重点抓纪律与学习，做好培训师的助手。

③每次课程结束后提醒学员下次课程的时间和地点。

④协助生活委员完成团队活动的组织协调工作。

（2）学习委员

学习委员主要协助完成培训师交代的任务，管理好班级的学习情况，主要承担以下六项职责。

学习委员的主要职责

①主动收集学员对教学的意见和要求，及时向培训部门和培训师反馈。

②提醒和督促学员按照教学要求完成各个环节的学习任务。

③负责班级阶段性学习任务的安排，负责研讨、汇报材料的收集与整理。

④在特殊情况下，如有培训师上课时间和课程调整等情况，及时向全体学员转达，做好沟通。

---

⑤协助班长管理班级，协助生活委员组织团队活动。

⑥每天课间提前两分钟提醒学员进入教室上课，并将手机调成静音或震动模式。

（3）生活委员

生活委员负责学员在培训中的日常生活、劳动、卫生等方面的工作，主要应承担以下五项职责。

生活委员的主要职责

①每天课程结束后，督促、检查各小组桌面整理情况，并拍照上传到学员交流群。

②配合培训专员组织学员活动，积极了解活动流程，动员学员自主主持，协助撰写主持稿和组织相关活动。

③关注学员餐宿等生活情况，及时反馈给教学组。

④调节学员之间的矛盾，起到促进学员之间友好交流的纽带作用。

⑤负责班费收取。

（4）组织纪律委员

组织纪律委员主要负责班级的纪律检查与考勤工作，在工作中主要承担以下四项职责。

组织纪律委员的主要职责

①对本班级的活动参与情况进行统计。

②对到课情况进行登记，每日登记都要做到准确无误。

③管理班级纪律，为学员创造良好的学习环境。

④协助班委其他人员的工作。

　　班委的具体职责可以根据培训项目的具体要求而定。总之，各班委都要各司其职，并积极协调其他班委做好班级管理工作，提升班委管理制度的效率，从而提升整体培训的质量。

4.4
培训资源保障

为了确保培训工作可以按计划顺利地开展，保障培训的质量，培训组织者应全方位配备培训需要的资源，做好培训资源保障。

4.4.1 交通保障

交通保障是比较基本的培训资源保障，培训组织者要确保学员和培训师可以顺利抵达培训地点以及从培训地点顺利抵达住宿的地方。所以，交通保障主要包括两个方面：一是学员的交通保障，二是培训师的交通保障。

（1）学员的交通保障

培训组织者应根据不同培训项目的要求、学员数量以及学员的需求协调交通车辆。

在协调交通车辆时的注意事项

①座位数量

培训专员要确定学员的人数，然后为学员配置相应数量座位的车辆。切记，一定不能超载。如果一辆车坐不下，可以换成两辆小型车，具体视实际人数而定。

②车内环境

车内环境一定要干净、整洁，座位要舒适，且一定要安全。这就要求培训组织者在协调用车时，必须向车辆提供者仔细询问相关信息，并要求他们提供相关证件，如车辆的基本信息，年审、保险的情况等，并认真查看车内的每一个细节。

除了基本的注意事项，培训组织者也需要确认学员是否存在特殊需求。例如，有一些学员居住地离培训地点比较近，无须接送，那么在协调车辆时培训组织者就无须考虑这些学员，但是一定要叮嘱这些学员路上注意安全。

协调好车辆后，培训组织者应将接送的具体时间和地点告知司机，也要将司机的联系方式告知学员，确保学员可以在规定时间坐上车，准时达到培训地点。

（2）培训师的交通保障

培训开始前，培训组织者应与培训师沟通授课时间、接送时间、接送地点、住宿安排等内容。然后将培训师与司机的信息互相告知，并安排司机负责接送每一位培训师，确保每一位培训师都能够按时到达培训场地进行授课，保证课程顺利地进行。培训组织者要注意的是，为培训师安排的车辆一定要整洁、舒适，让培训师带着愉快的心情去上课。

总之，交通保障的第一要素是安全，要始终将安全摆在第一位，然后要做到舒适、整洁，让学员和培训师可以安全、开心、舒适地参加培训。

4.4.2　食宿保障

食宿保障顾名思义，包括餐饮保障和住宿保障。通俗地说，食宿保障就是让学员吃好睡好，这样学员才能精神饱满，高效地学习。一般来说，培训组织者应专门安排一个生活老师负责食宿保障工作。

（1）餐饮

餐饮方面，生活老师要根据培训项目的具体要求、学员人数、学员的需求等对用餐地点提前进行考察，对接每天的菜品、用餐时间、用餐数量，确保学员和培训师可以按时开餐，确保每位学员和培训师都能吃得放心、舒心。

餐饮保障应重点关注的事项

①干净卫生

菜品一定要干净卫生，避免学员吃坏肚子，影响学习。

②菜品丰富

学员来自不同的地方，有不同的饮食习惯和爱好，因此应准备较丰富的菜品。最好每天都可以更新不同的菜品。

（2）住宿

为了让学员住得安心，生活老师应当提前抵达培训基地进行实地考察，要尽可能地改善住宿条件和环境。

住宿保障应关注的事项

①整体环境

住宿的整体环境要干净、整洁，不能出现床品有污渍、发霉等情况。

②光线明亮

房间的光线要明亮，尽量不要选择拐角或视线非常昏暗的房间。

③通风良好

房间的通风要好，应尽量选择带窗户的房间。

---

④房间设施设备

房间内应配备日常需要的相关设施设备，如烧水壶、茶包、杯子、台灯等。

总之，要尽最大的可能让学员住得舒适。有一个好的睡眠质量是学员全身心投入学习的根本保障。

为了让学员更加安心地投入学习中，除了食宿，生活老师还应多关注学员的日常生活。如果条件允许，培训组织者可以专设一至两名后勤老师以及一名班级生活委员，协助生活老师完成培训期间学员在日常生活中遇到的问题，尽量确保学员能安心地完成培训。

4.4.3　气氛保障

俗话说，学习是为了更好地生活。为了缓解学员的学习压力，帮助学员放松，增进学员之间的友谊，在培训期间，培训组织者还应根据培训项目需求设计一些班级活动，活跃班级气氛。班级活动可由班委组织、学员众创。班委可以对班级进行分组，每一个小组都要表演节目，当然也提倡个人秀。

班委和学员可以参考以下三种较能活跃气氛的活动设计

培训期间的班级活动。

（1）绘画高手大赛

"绘画高手大赛"活动流程

第一步，活动主持人（可由班委或有主持经验的学员担任）邀请每个小组派一名学员上台。

第二步，主持人讲解活动规则：学员用眼罩蒙上眼睛，然后在白板上画自己的脸谱，限时三分钟；本组其他成员可以提示，其他小组成员可以干扰。

第三步，助手给学员蒙上眼罩，将其领到白板前；主持人下达开始的口令，并计时；时间一到，停止绘画，解下布条。

第四步，主持人邀请全体成员评价"最佳脸谱"。

第五步，主持人宣布获胜者，并颁奖。

注意事项：事先准备好干净的布条。

（2）即席联诗

"即席联诗"活动流程

第一步，主持人将班级成员分成三至五个小组，以小

组为单位展开即兴联诗比赛。

第二步，主持人讲解活动规则：由主持人出题，读一两句含有特定字眼的诗词，如"小荷才露尖尖角，早有蜻蜓立上头"中含"荷"字。然后，各小组按照指定的顺序，在规定时间内联上含有相同字眼的诗词。若有停顿，主持人喊倒计时"五四三二一"，倒计时结束后仍然联不上的人直接淘汰。一直坚持到最后的小组获胜。

第三步，主持人宣布获胜的小组，并给小组颁奖。

注意事项：两句诗词限唐诗宋词。

（3）模仿秀

"模仿秀"活动流程

第一步，主持人挑选四名擅长表演的学员上台（两男两女）。

第二步，主持人讲解活动规则：每人模仿一个当前比较热门的广告演员进行表演，广告可自选。声音、动作、神态模仿最传神的学员获胜。

第三步，主持人宣布获胜者，并颁奖。

以上列举的三种活动是为班委及学员提供的一些思路，大家可以参考这些活动创办班级活动，也可以根据自己的想法创办班级活动。总之，举办活动的目的是活跃班级气氛，加强学员之间的交流，增进学员之间的情感，凝聚班级力量。

4.4.4　物资保障

一场高质量的培训必须有充分的物资保障，所以培训组织者还应做好培训的物资保障。物资保障的详细内容见表4-3。

表4-3　培训组织需准备的物资清单

分类	序号	物料清单	单位	数量	备注
电子电器设备	1	计算机	台		
	2	投影仪	个		
	3	翻页笔	支		
	4	话筒	支		
	5	音响	套		
	6	录音笔	支		
	7	照相机	台		
	8	摄像机	台		
	9	U盘	个		
	10	硬盘	个		

续表

分类	序号	物料清单	单位	数量	备注
电子电器设备	11	插线板	个		
	12	电热水壶	个		
	13	电池（5 号）	节		
	14	电池（7 号）	节		
	15	打印机	台		
	16	墨盒	个		
课程现场	17	课件	本		
	18	签字笔	盒		
	19	白板笔（黑）	盒		
	20	白板笔（蓝）	盒		
	21	白板笔（红）	盒		
	22	随意贴	包		
	23	A4 白纸	张		
	24	A4 粉纸	张		
	25	A3 大白纸(硬)	张		
	26	A3 大白纸(薄)	张		
	27	夹子	个		
	28	小组牌	个		
	29	座位牌	个		
	30	横幅	条		

续表

分类	序号	物料清单	单位	数量	备注
课程现场	31	海报	张		
	32	学员名单	份		
	33	签到表	份		
	34	班主任日志	份		
	35	学员日志	份		
	36	培训效果评估表	份		
	37	胶带	圈		
	38	双面胶	圈		
	39	墙体胶	圈		
	40	积分榜	个		
体育用具	41	篮球	个		
	42	呼啦圈	个		
	43	乒乓球	副		
	44	跳绳	副		
	45	羽毛球	副		
生活用品	46	药品及医药箱			

以上物资为常备物料，包括但不仅限于此。培训组织者应根据培训项目的具体要求以及学员的需求准备物资。

培训是一项系统的工程，培训组织者应当尽可能让相关培训人员参与到培训组织过程中，相互协作、配合，全面管理和保障培训质量。

5

第 5 章

成果转化：

全面培训体系的"6Ds 法则"

真正意义上的培训体系可以实现成果转化，即将培训成果转为绩效。如何实现这一点？全面体系的"6Ds法则"是一个有效的工具。"6Ds法则"是知名作家罗伊·波洛克（Roy V.H.Pollock）、安德鲁·杰斐逊（Andrew Jefferson）、卡尔霍恩·威克（Calhoun Wick）在作品《将培训转化为商业结果：学习发展项目的6Ds法则》（*The Six Disciplines of Breakthrough Learning: How to Turn Training and Development into Business Results*）中提出的概念，总结了六种推动高效学习的法则，旨在帮助企业培训实现成果转化。

5.1
培训与"关键时刻"

企业管理者要想促进培训成果转化，就必须明确企业投资培训的目的，明确培训的价值是由"关键时刻"决定的。

5.1.1　企业投资培训的目的

在大多数人看来，培训只是一场活动。关于这场活动，员工的评价可能是"我参加了一次培训"或者"我上了一节课"，课程结束了，培训也就结束了。事实上，培训并不只是一场活动，真正意义上的培训可以实现培训目标，成功将新技能和新知识传授给员工。员工获得的培训成果可以在工作中转化，帮助员工提升工作效率，创造工作价值。

总结来说，培训是一个持续影响的过程，其价值取决于它的转化和应用情况，以及它对绩效的改善情况。企业投资培训的目的也在于此，是改善关于企业策略和目标的关键领域的绩效，如图 5-1 所示。

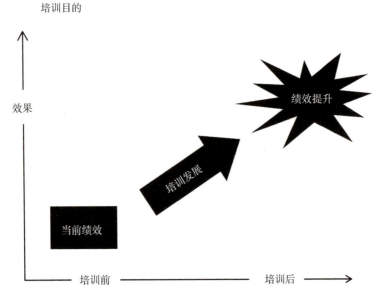

图 5-1　企业投资培训的目的

　　所以从某种程度上说，企业的培训项目能够产生价值的关键，在于企业制定的全面培训体系与企业的绩效管理体系能够完美匹配。所以，培训不仅是人力资源部门要执行的任务，更是企业的核心职能之一。

　　当企业管理者明确培训的目的后，就要将重点从提供培训转移到改善绩效上。工作绩效主要受四个方面因素的影响，分别为员工自身、工作内容、职场环境和社会环境，如图 5-2 所示。

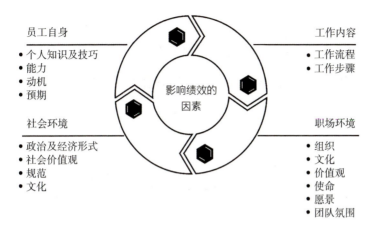

图 5-2 影响绩效的因素

　　培训项目主要通过提升个人能力来改善组织绩效，这就意味着员工的素质是影响绩效的主要因素。因此，缺少技术或知识是导致实际绩效和预期绩效存在很大差距的重要原因，培训才是正确合理并且可能有效的解决方法。所以，企业管理者要清楚并不是任何问题都可以通过培训解决，只有当员工自身存在的问题影响工作绩效时才需要开展培训。这样才能达到企业投资培训的目的。

5.1.2 培训价值由"关键时刻"决定

　　研究发现，企业投入培训分析、设计、发展、执行和评估中的所有精力，其价值都是由"关键时刻"决定的。"关键时刻"是指员工接受培训后回到工作岗位时，决定如何完成任务的那一刻。员工此时会面临两个选择：使用在培训中学习到的新方法，或者采用过去常用的旧方法（图5-3）。

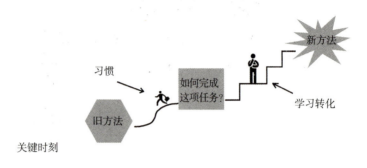

图 5-3 "关键时刻"

员工选择哪条路又取决于两个关键问题：是否能够学以致用和是否愿意付出努力。也就是员工的能力和意愿。

只有在员工具备能力和意愿的情况下，才不会妥协于旧方法，培训才能发挥应有的价值（图5-4）。

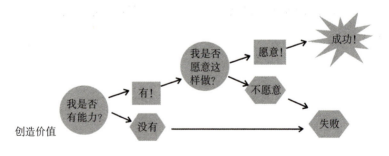

图 5-4 选择时刻

　　由此可见，这两个问题对于将学习成果转化为绩效，最终实现商业价值至关重要。因此，在进行培训设计时应该抓住"关键时刻"，根据员工的实际情况选择合适的解决方案，提升员工的能力和意愿，在整个培训项目的开展过程中引导员工学以致用，从而确保培训为员工和组织带来最优价值。

5.2
"6Ds 法则"：将学习成果转化为商业价值

"6Ds 法则"就是根据员工的实际情况选择合适的培训方案，从而将学习成果转化为商业价值，实现培训价值的最大化。"6Ds 法则"的内容如图 5-5 所示。

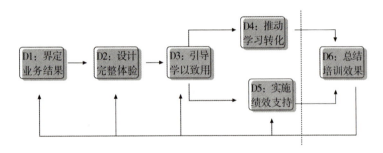

图 5-5　将学习转化为商业价值的"6Ds 法则"

（1）D1（Define）：界定业务结果

界定业务结果是指明确培训项目可以为企业带来什么样的结果。企业开展培训项目是希望培训能够带来绩效提升，如提高生产力、产品质量、客户满意度，最终都是为了实现企业战略目标。鉴于此原因，企业开展培训项目之前一定要界定业务结果，业务结果越明确，培训项目越容易成功，越能为实现企业战略目标提供支持。所以，界定业务结果是 "6Ds 法则"中的基本法则和关键法则。

（2）D2（Design）：设计完整体验

培训不仅是一场活动，更是一种完整的体验。这里的"完整"是指除了要精心设计培训课程，还应付出同等的精力提前规划和管理课程前后的活动。这样做的原因很简单，对于员工来说，对于整个培训过程的体验对他的学习效果都会有所影响。

（3）D3（Deliver）：引导学以致用

企业开展培训的目的是让员工能够学以致用，所以培训组织者应当以鼓励实践的方式进行培训，然后有目的、有针对性地选择相应的策略和方法，帮助员工跨过学习与实践之间的鸿沟。

（4）D4（Drive）：推动学习转化

培训项目的真正使命是在培训结束后将学习成果转化为工作绩效。不管企业开展了多少培训，展开了哪些内容的培训，员工学习了哪些知识，这些都无法证明培训是否取得了成功。只有员工将学到的知识转为绩效，培训才创造了价值，这才能说明培训是成功的。所以培训结束后，培训部门和其他相关职能部门应当采取相应的策略推动学习成果的转化。

（5）D5（Deploy）：实施绩效支持

员工学习了新知识后是否会将新知识运用到工作中，很大程度上取决于企业是否提供绩效支持。常见的绩效支持包括工作辅助、提供资源和帮助、配备设备、设立帮助渠道等，这些都可以增加员工将所学知识投入实际工作中的信心和动力。

（6）D6（Document）：总结培训效果

有效的培训可以产生价值，为企业带来绩效提升；相反，无效的培训只会浪费企业的资源，增加企业的成本。因此，在培训项目结束后，企业管理者应当收集数据对培训项目进行分析、总结，权衡培训项目的结果，然后决定是调整、优化项目还是直接淘汰项目。总之，不能投资那些未能达到预期目标的培训项目。

通过执行"6Ds法则"，企业将可以设计出更具针对性的培训方案和流程，更加精准、有效地定位培训需求，促进培训目的达成。

5.2.1　界定业务结果

企业期望培训投资能够带来绩效提升，那么所有的培训项目都应该清楚地界定业务结果，要把关注的重点从学习转到绩效。这也就是"6Ds 法则"的第一个法则——界定业务结果，即以目标为导向设计培训方案和流程。

以往的培训中，企业的关注点可能在于课程结束时员工所获得的知识和能力，但实际上企业更应该关注的是员工在工作中可以应用哪些培训中学习到的知识，改善绩效成绩。也就是说，培训设计的第一步应将关注的重点放在预期商业结果上，明确结果后再开始构思和设计实现这些商业结果所需的培训项目。

企业可以采用"结果规划轮"界定业务结果，如图 5-6 所示。

"结果规划轮"是一种经过实践验证的、具有极高价值的工具。培训组织向相关领导汇报培训活动之前，可以使用结果规划轮搭建一个谈话框架，推动谈话双方就培训项目的最终结果达成共识。

"结果规划轮"主要围绕目标、行为、衡量和结果这四个方面的话题展开，通常以提问的方式进行。

（1）要满足什么业务需求

第一个问题是"要满足什么业务需求"，目的是把培训设计的关注点从讨论解决方案转移到发展潜在业务推动力，即需

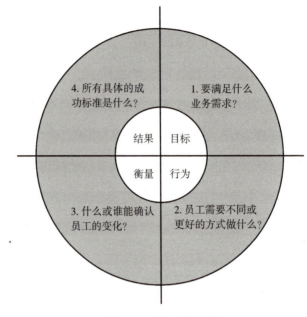

图5-6　结果规划轮

求背后的业务问题或机遇。这是为了使培训成为最适合的解决问题的方案。

（2）员工需要不同或更好的方式做什么

第二个问题是"员工需要不同或更好的方式做什么"，目的是确定影响预期结果的关键行为或表现。这一点反映了培训项目的目的是帮助员工在工作中有更好的表现——用全新的、更有效的方式处理工作。

（3）什么或谁能确认员工的变化

第三个问题是"什么或谁能确认员工的变化"，目的是讨论如何判断培训项目是否达到了预期成果。这需要对学习成果进行评估，可以参考表 5-1 的评估方法。

表 5-1　学习成果及评估方法分类表

成果类型	数据来源	收集方法
行为变化	员工	问卷调研 访谈调研 观察法
	员工的同事或直接下属	
	员工自己	
	员工的经理	
	受过培训的观察者	
利益相关方的看法	客户	满意度调查 采访 焦点小组
	直线下属	
	经理	
	其他人	
业务指标	公司 IT（信息技术）系统	数据分析 数据购买
	第三方信息调查	
工作成果改善（文案、战略规划、计算机代码、汇报演讲等）	工作样本	专家评审 标准对照 观察

对成果进行评估主要是对行为变化、利益相关方的看法、业务指标改善以及工作成果改善这四个方面进行考察，以确认员工的变化。确认员工的变化其实就是确定是否完成了预期的

业务结果，业务结果完成了，培训才是成功的，有价值的。

（4）所有具体的成功标准是什么

第四个问题是"所有具体的成功标准是什么"，这个问题的讨论过程其实就是一个筛选的过程，即从讨论第三个问题得出的候选项中选出重要的几项，确定评估内容、评估时机及评估标准。讨论双方必须就"成功的标准"达成一致看法，因为它属于培训组织与企业领导签订的合约中的可交付的成果部分，也就是要界定的业务结果。

5.2.2　设计完整体验

培训设计应当优化员工整个培训过程的整体体验，而不仅仅是课程体验（现场授课、在线课程、电子课程或在职课程）。只有员工的整体体验提升了，学习效果才能提升，才能促进员工将所学的内容转化为商业结果。因此，"6Ds法则"的第二个法则是设计完整体验。

对于员工来说，学习体验是一个连续的过程，从规划好的课程开始，并且在课程结束后还会继续进行下去。所以，企业在进行培训设计时，应关注并设计好从培训课程开始前到培训课程结束之后的所有工作。具体包括四个阶段：准备、学习、转化和应用、评估（图 5-7）。

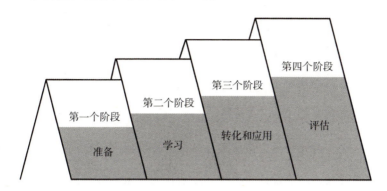

图 5-7　学习的四个阶段

（1）第一个阶段：准备

准备阶段包括学习规划准备、员工准备和环境准备。

学习规划准备要求培训组织在开展项目之前对整个设计进行审查，确保没有遗漏任何阶段，并且每一个阶段都有明确的规划。

员工准备是让员工建立统一的知识基础，并且确保员工拥有正确的学习态度和预期。这样做的目的是希望参与培训的员工并不是等待吸收知识的一张白纸，他们大多数人应当知道培训可以带来的价值，并会因此决定在学习中投入多少时间和精力，制定自己的学习目标和对可能达成的学习成果有预期。

环境准备即转化氛围，员工的工作环境对于学习成果的转化和应用有着重要影响，并因此决定学习能否创造价值。培训设计者应当与管理层合作，营造有利于员工将学习成果转为商业价值的学习环境。

（2）第二个阶段：学习

学习的价值链是一种广为人知的逻辑模型，它可以确保学习内容、学习方法与预期保持一致。在选择学习内容的时候，培训设计者可以将业务目标作为评判标准；在选择学习方式的时候，培训设计者将预期绩效作为决策的参考依据。

按照以上这些方式设计的课程（始终以业务结果为目标），员工可以直观地看到学习内容与业务目标（实现）的相关性，进而能够更加自信地回答"是否愿意（参加培训）"这个问题。

（3）第三个阶段：转化和应用

学习的一切价值都取决于学习成果在多大程度上转化为业绩，因此培训设计者要加强对第三阶段的重视。但在实际的培训工作中，学习成果的转化和应用是企业学习项目中最薄弱的环节。因此，培训设计者应当采取一系列的措施对该环节进行干预，将资源集中在这一经常被忽略的关键环节。例如，在培训成果转化和应用阶段的设计中，应针对培训内容为员工创造实践环境，提供实践机会。

（4）第四个阶段：评估

本阶段是培训项目的新终点线。下面是将评估纳入完整的学习过程的原因。

将评估纳入完整的学习过程的原因

①评估可以带来强大的动力。

②评估为学习项目设定清晰的目标。

③评估本身就是一种学习体验。

最后要强调的是，培训设计应当重新定义培训项目的终点线。在以往大多数的企业培训项目中，人们通常认为课程结束后培训就完成了，员工可以马上获得毕业奖励或证书。实际上，在课程结束后员工需要努力转化和应用新知识与新技能，从而改善绩效，只有员工的绩效得到了真正的改善，培训才算圆满收场。在设计完整体验时，培训设计者应十分关注这一点，要以改善绩效为目的，在培训设计中要为员工提供完整的培训体验。

5.2.3　引导学以致用

学习只有通过实践应用才能创造价值，因此培训设计还应当引导员工学以致用。这也是"6Ds 法则"的第三个法则。

在培训设计中应该如何引导员工学以致用呢？

（1）选择实用的授课方式

企业投资培训项目除了要求员工掌握相关的知识和技能，还要求他们在工作中最大化地应用这些知识和技能。既然如此强调实际应用，那么在进行培训设计的时候就要通过实用的授课方式来强调知识的应用。例如，开展实践课程、场景教学等。

（2）明确关联性及实用性

在前面的内容中我们提到培训是否有效取决于"关键时刻"的两个问题，即能力和意愿。

要解决能力问题，员工须满足的条件

①员工对自己的能力有信心。

②员工拥有实践的机会。

③员工能够及时获得所需帮助。

要解决意愿问题，员工须满足的条件

①员工认为所学内容具有相关性和应用性。

②员工确信新方法优于以往的做法。

③员工坚信他们的付出可以得到相应的回报。

可见，只有当员工觉得学习内容和工作息息相关的时候，

他们才愿意应用在培训中学到的知识。因此，培训设计者在设计课程时，要找出培训主题与提高业绩所需技能之间的联系，同时，课程设计者和培训师需要帮助员工发现课程与工作的联系。这样才能让员工回答"我能""我愿意"。

（3）提供大量的实践机会

培训结束后，企业还应在工作中为员工提供大量的实践机会，并在员工实践的过程中提供应用指导。总之，要让员工有足够的机会和时间使用所学到的知识，这是使学习成果得以应用和转化的有效方法。

除了以上介绍的几种方式，培训设计者还可以根据员工和培训项目的实际情况探寻更多方法以引导员工学以致用。

5.2.4　推动学习转化

实际上，培训项目真正的使命在课程结束后才开始。因为只有经过转化和应用，学习才能创造价值。因此，"6Ds 法则"的第四个法则是"推动学习转化"。

转化和应用与学习的关系可以用下面的公式表达：

学习 × 转化 = 培训结果

　　培训成果能够实现最大化转化的关键在于企业能否为员工营造良好的转化氛围，即尽量规避可能影响员工学习成果的转化的一切问题，并为实现员工学习成果的转化提供一切支持。其中，管理者的积极有效参与是一个非常重要的方面。所以培训课程结束后，企业管理者应积极推动学习转化。

　　推动学习转化的主要作用是让员工做到"我愿意"。为此，管理者应为员工提供充分的支持和鼓励，让他们愿意在工作中应用所学知识。

　　管理者可以采用以下两种方式推动学习转化。

（1）培训前和即将参加培训的员工进行一对一沟通

　　在培训开始前，管理者和即将参加培训的员工进行一次一对一沟通，一般 10 ~ 15 分钟就可以了。这样做是为了培养员工的学习意向，让员工正确看待此次培训，同时也说明管理者对此次培训的重视。

沟通中常涉及以下三个问题

　　①在日常工作中，你认为自己的哪三个方面最需要改善？

　　②我们来讨论一下怎么才能充分利用这次培训。对你个人来说，这次培训中哪些方面是最重要、最有价值的？

　　③你将如何通过培训学习这几个方面的内容？

（2）培训后和参加培训的员工进行一对一沟通

培训结束后，管理者应尽快安排一次与参加培训的员工的沟通，最好也采取一对一的方式进行。这次沟通的目的是让员工明白管理者对本次培训的重视程度，同时保证企业在本次培训中投入的时间和资源物有所值。沟通的内容比篇幅更重要，一般只需 5 ~ 10 分钟就可以表明管理者关注的重点，推动学习转化。

在一对一沟通的过程中，管理者要多倾听，多提问，让员工成为主要讲述者。沟通的目标是凸显管理者对学习成果的关注，鼓励员工回顾学习体验，确保员工能够利用新知识创造业务收益。

培训后的一对一沟通中常涉及以下四个问题

①在培训中，你学到的最有价值的内容是什么？

②你计划如何应用培训内容？

③你的应用情况会给部门和你的职业生涯带来哪些收益？

④你需要哪些支持？

影响员工学习成果转化的因素可能不止转化氛围，还包

括其他因素，如流程不完善、员工缺乏转化动机、责任不明确等，这就要求管理者要根据企业的实际情况，探寻转化失败的原因，并制定针对性的措施，推动学习转化。

5.2.5 实施绩效支持

员工在面对新知识与旧方法的抉择时，在一定程度上要看企业是否提供绩效支持。有效的绩效支持可以帮助员工实现"我能"和"我愿意"，从而推动学习成果的转化和应用。此外，它还可以增加员工旗开得胜的概率，鼓励员工主动应用新技能，维持员工继续努力的动力。因此，"6Ds 法则"的第五个法则是"实施绩效支持"。

实施绩效支持的方式有很多种，通常包括提醒、步骤说明、检查清单、制作流程图、教练和专家指导等。具体内容如表 5-2 所示。

表 5-2　实施绩效的类型及适用情况表

类型	适用情况
提醒	提醒可以确保不会遗漏时效性较强的活动，如会议、缴费等 提醒是最简单的绩效支持方式，也是应用比较广泛的一种绩效支持方式

续表

类型	适用情况
步骤说明	确保员工按照正确的顺序执行程序中的每个步骤。这种方法适用于复杂、不熟悉或初次接触的工序
检查清单	确保清单中包含程序中的所有关键项目，尤其适用于内容复杂或出现疏漏会导致严重后果的项目
制作流程图	将问题分解成一系列独立选项，提供决策指导和解决方案，并保证解决方案逻辑合理、步骤清晰
教练	提供教练指导和鼓励
专家指导	在遇到难以解决的问题时提供援助

企业管理者不仅要掌握绩效支持的相关方法，还应当明确什么是优秀的绩效支持。优秀的绩效支持应该具备以下五个特点，如图 5-8 所示。

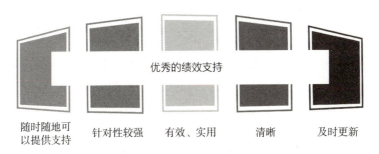

图 5-8　优秀的绩效支持

（1）随时随地可以提供支持

绩效支持的目标是推动工作绩效，所以，如果员工在工作中有需要，那么不管工作的时机和环境如何，企业管理者都必须立即为员工提供绩效支持。

（2）针对性较强

优秀的绩效支持都是为满足特定的目的而设计的，针对性较强。例如，员工需要教练辅助的时候就要提供教练支持，而不是只告诉员工简单的步骤说明。

（3）有效、实用

优秀的绩效支持能够帮助员工解决工作中遇到的问题，帮助员工正确、高效地完成工作任务。

（4）清晰

绩效支持必须清晰直观，便于员工理解。例如，对于文字理解能力较弱的员工可以用示意图提供工作辅导。

（5）及时更新

员工必须不断地学习才能保持竞争优势，为此，绩效支持系统也需要不断优化和完善，以满足员工的需求。例如，员工需要专业技术方面的支持，那么企业就要针对员工的需求提供专业技术方面的培训，并不断引进先进的技术。

有了以上这些标准，企业管理者才知道如何为员工提供能够促进学习成果转化，创造价值的绩效支持。

5.2.6 总结培训效果

总结培训效果是"6Ds 法则"的最后一个法则，是对培训项目开展之前已经取得的工作成就及培训项目所产生的新价值进行综合评估，这可以证明培训为企业带来的价值，为未来企业开展培训项目提供改善方向。

总结培训效果实际上提供了清晰有力的证据，证明员工在学习成果转化和应用过程中的表现。我们要想了解员工的表现，判断学习项目是否取得了成功，就必须对培训项目进行有效评估。

有效评估要遵循的原则

①相关的

有效评估要遵循的第一个原则是"相关的"，即评估内容必须与业务目标有明确的直接联系。例如，培训项目的业务目标是提高客户满意度，那么就要评估客户满意度方面的变化。

②可靠的

有效评估要遵循的第二个原则是"可靠的"，即要通过所收集的数据、所做的分析得出结论，对目标受众是可

靠且值得信赖的。

③令人信服的

有效评估要遵循的第三个原则是"令人信服的"，即要通过一些实际案例让目标受众信服评估结果。

④高效的

有效评估要遵循的第四个原则是"高效的"，即评估花费的成本绝对不能超过评估结论所创造的价值。评估人员的目标是用最小的成本产出相关的、可靠的、令人信服的评估结果。

有了明确有效的评估指导原则后便可以进行有效评估。有效评估可以按照以下六个步骤进行。如图 5-9 所示。

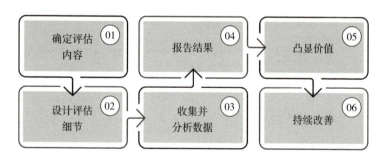

图 5-9　有效评估的步骤

（1）确定评估内容

确定评估内容，即确定要评估什么。实际上，在界定业务结果的时候就已经对业务结果与项目成功标准做出了定义。在这个环节就只需回顾 "界定业务结果" 阶段的讨论结果即可。讨论的结果就是需要评估的内容。当然，如果培训项目发生了变化，那么需要再次确认成功标准，确认要评估什么。

（2）设计评估细节

细节决定成败，评估者应投入更多的时间和精力设计评估过程的细节。设计评估过程的细节主要包括以下几个方面的内容。

①何时收集数据

在学习结束阶段不需要收集任何数据，因为这个时候员工还没有进行学习成果转化。他们需要一定的时间才能将所学的知识应用到工作中，且还需要一定的时间才能改善绩效。这个时间需要根据培训项目而定，通常需要几个星期甚至几个月的时间。

②选择比较标准

要想改善绩效，就需要回答这些问题：与什么比？与之前的绩效相比？还是与参与培训项目的其他员工比？无论如何，都存在一种对比关系。在培训项目的评估环节需要考虑到这一点，因为对比的相关性和公平性决定了评估的可靠性和有效性。

③确定适当的数据收集方式

评估结果是否准确的关键在于收集的评估数据是否真实、有效。因此，在收集数据的时候必须确保收集数据的方式与评估的内容达成一致。例如，评估的内容是业务指标，那么就要从业务系统中获得该数据。

④计划分析

计划分析是指提前思考、分析评估的过程，主要思考如何收集、吸收和总结数据。分析越详细越能确保评估带来可靠的结果。

⑤设计评估时间表

评估时间表应包括培训评估中所有的关键活动，如表5-3所示。

表5-3　评估时间表

关键活动	评估时间	评估人员

（3）收集并分析数据

设计好评估的细节后，便可以开始收集并分析数据。

收集并分析数据环节重点要做好两件事

①数据汇总

对收集的数据进行汇总、分类。这个环节要将通过各个渠道收集的数据进行汇总，如问卷调查得来的数据、访谈得来的数据。汇总数据后还要根据数据的性质对数据进行总结、归类，将相同性质的数据归为一类，并用一个词概括，如业务指标、行为观察、反馈意见。

②数据分析

数据收集工作结束后就可以开始对数据进行分析，了解培训项目是否达到了预期效果。分析数据最简单的方法是比较两组数据的结果，如对比培训前的数据与培训后的数据。

（4）报告结果

分析数据并得出结果后，培训组织者要将结果汇报给管理层。提交结果的报告应简明扼要、证据确凿、直击重点，并且要使用管理者熟悉的语言，避免使用他们理解不了的专业术语。这样管理者才能明确结果，有助于管理者对培训的相关内容做出有效的决策。

（5）凸显价值

无论评估结果是好还是坏，只要没有人知道，这个结果都是没有任何价值的。也就是说，得出评估结果后，还要有效地宣传和推广评估结果，让所有相关人员知道这个结果，看到培训的价值。

（6）持续改善

持续改善是有效评估的最后一个环节，也是十分关键的一个环节。总结、评估培训效果其实就是为了发现问题、解决问题或者发现优势、保持优势，不断改善绩效，提升绩效。所以，企业管理者最后应帮助员工根据绩效评估结果制订绩效改善计划，让培训结果在真正意义上得到落实，创造价值。

5.3
培训后的知识应用与转化

为了保障培训的效果，使培训知识与工作、业务更加紧密地结合，培训设计者应当对员工接受培训后的知识应用和转化进行创新，将以老师课堂面授为核心的传统培训模式，向课后知识在工作岗位中的应用和转化方面进行延伸，使员工能够学以致用，使培训学习效果达到最优。

5.3.1　学习心得体会

培训学习结束后，培训组织者或企业管理者可以要求员工写出学习心得体会，以进一步加深员工对所学知识的印象。一篇有价值的学习心得体会绝对不是流水账式的学习记录，而是要清楚交代获得了哪些方面的收获，哪些知识点可以应用于日常工作中。

具体来说，一篇有价值的学习心得体会主要应包含以下五个方面的内容。

×× 学习心得体会

【标题】

通过本次的培训学习……

【正文引导语】

（1）对整个学习过程进行总结

……

（2）具体介绍在学习过程中的收获

……

（3）对学习收获进行分析

……

（4）对培训亮点进行总结

……

（5）培训后的个人规划

……

【正文内容】

×××

××××年××月××日

【落款】

（1）对整个学习过程进行总结

员工首先要回顾整个学习过程并进行总结，描述自己在此次的培训学习中最大的收获是什么。

> 例如，"通过本次的培训学习，我无论是在基层理论知识，还是在自身思想觉悟方面都有很大的提高，能够为今后的工作奠定基础"。

（2）具体介绍在学习过程中的收获

这部分内容是学习心得体会的核心内容，具体介绍在学习过程中的收获，包括学习的知识和技能，与培训师和员工的交流等。请看下面这个示例。

> 现将本人在本次培训中的学习心得体会总结如下：
> 一是多样化学习，让本人的理论知识得以提高……
> 二是学员之间的交流密切，可以互相学习……

这部分内容除了可以具体介绍自己在学习上的收获，也可以对课程内容、培训方式以及培训师进行评价。请看下面这个示例。

> 　　我非常喜欢张老师上课的方式。他利用短视频的方式生动地呈现内容，并积极与学员进行互动，可以很大程度上调动学员的积极性，激发学员的学习兴趣。

（3）对学习收获进行分析

　　对学习收获进行分析可以让员工更深刻地认识学习的价值，也可以让员工积累经验，在下一次培训中可以获得更大的收获。请看下面这个示例。

> 　　本次培训之所以能取得这么大的收获，主要在于我在学习的过程中与培训师和其他学员进行了深度沟通，交流彼此之间的想法，进一步加深了对所学知识的印象。

（4）对培训亮点进行总结

　　经过一场培训后，员工可以对培训过程中的亮点进行总结并发表自己的意见。这种意见将对优化以后的培训有很大的帮助。请看下面这个示例。

> 　　在本次培训中，我觉得非常好的是多样化的培训方式，它让以往单调枯燥的课程变得有趣生动，让人忍不住

想要参与其中，也极大程度上提升了学习效果。

（5）培训后的个人规划

撰写学习心得体会的目的是加深员工对所学知识的印象，促进培训后的知识应用与转化，因此培训后的个人规划是学习心得体会中不可或缺的内容。请看下面这个示例。

在本次培训中我学习了很多沟通技巧，我将会在下一次与客户交流的过程中，在合适的时机恰当地运用这些沟通技巧，提升沟通效率，促进交易达成。

撰写学习心得体会的过程其实就是对整个培训过程进行回顾、总结的过程，这个过程看似枯燥，但实际上对员工有很大的帮助，可以有效促进员工应用与转化所学的知识。

5.3.2 读书计划

培训的目的不仅是让员工学习培训课程的内容，还应当让员工养成主动学习的习惯和持续学习的行为，让员工明白培训不能解决全部的工作问题，更多的是要靠平时工作中的自主学习。因此，在培训结束后，培训组织者还应根据培训的内容向员工推荐相关的书籍，让员工在工作中自主阅读，从书中获取工作方法，提升认知，从而提升工作能力和绩效。

培训结束后，员工应根据推荐的书籍合理安排自己的阅读时间，并制订详细的阅读计划，如表5-4所示。

表5-4　个人读书计划表

个人读书计划表	
读书目标	提升沟通能力 提升创新能力
阅读书目	《×××××》《×××××》《×××××》 《×××××》《×××××》《×××××》 《×××××》
阅读时间	每天早上阅读0.5个小时（计划阅读时段为6:00—6:30，根据实际情况适当调整） 每天晚上阅读1个小时（计划阅读时段为20:00—21:00，根据实际情况适当调整）
阅读方法	个人阅读为主，可以与同事或朋友交流阅读感想 勤于做读书笔记，摘录好句子，写上自己的理解、感悟 将阅读内容与实际工作相结合，使从阅读中获得的知识转化为工作能力 开放性阅读，边阅读边思考，不断提高自己的思想层次，从而创新工作思路

员工可以参考表 5-4 制订读书计划，计划的具体内容还应视个人的实际情况和阅读需求而定。总之，一定要让学习成为一种习惯，让自己不断进步，不断提升工作能力和绩效。

5.3.3　知识分享转化

知名管理学家、现代管理学之父彼得·德鲁克（Peter Drucker）曾说："教别人的时候，自己学到的更多。"这句话强调的其实就是分享的作用。培训结束后，为了进一步帮助员工消化所学的知识，让所有员工能够共同进步，培训组织者或企业管理者可以举办一次培训分享会，要求每一位员工将所学的知识与同事们分享。

在组织召开知识分享会时，培训组织者或企业管理者要注意以下三点（图 5-10）。

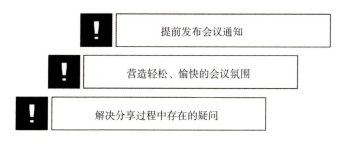

图 5-10　召开知识分享会的注意事项

（1）提前发布会议通知

高效的知识分享会议，一定是员工充分准备的会议，所以在召开会议前要提前发布会议通知。一般建议提前一周发布会议通知，通知内容也要详细、具体，要告知员工会议地点、时间以及会议需要的相关资料，还要提醒员工需准备在培训中的心得体会、学习笔记等，这是知识分享会的重点内容。会议通知可以通过办公室公告栏的形式发布，也可以发送邮件。总之，一定要确保参与会议的员工都收到通知，能够按时参加知识分享会。

（2）营造轻松、愉快的会议氛围

一些性格比较内敛、不善于表达的员工可能不愿意主动分享知识，这个时候会议组织者就要营造轻松、愉快的会议氛围，并鼓励所有员工将自己所学的知识分享出来，这样大家就能更加全面地学习知识，实现培训价值的最大化。

在这个环节，企业管理者应告知员工，只要他们觉得有价值的知识都可以分享出来，不必考虑其他因素。在员工分享知识的时候，其他员工只要认真聆听即可，不要打断，更不要评价。

（3）解决分享过程中存在的疑问

所有员工分享结束后，会议组织者可以鼓励员工们就分享的知识展开沟通，如有不懂的地方可以向对方求助，或者可以互相交流对某个知识点的想法，加深彼此对知识点的理解，促进知识转化。如果分享过程中出现了大家都无法理解的知识或无法解决的问题，那么会议组织者应积极帮助他们解决问题。如果会议组织者无法解决此问题，那么应向相关负责人汇报，并告知全体参会员工何时将解决问题的方案告知他们。总之，这次分享会议不仅是互相分享知识的过程，也是解决培训中的遗留问题的过程。

员工之间互相分享、互相交流知识的过程，实际上就是知识转化的过程。所以，培训结束后，如果时间和条件允许，企业管理者不妨召开一次知识分享会，促进知识转化。

5.3.4　行动改善计划

培训学习结束后，员工应将学习内容与岗位工作相结合，制订行动改善计划。员工可以参考表 5-5 的内容制作行动改善计划表。

表5-5　行动改善计划表

注：

1. 此行动改善计划表一份提交给企业培训部门备份，另一份交给培训人员作为改进自己工作的依据。

2. 培训部门或各部门领导应在培训结束后的一个月对行动改善计划表中的内容进行跟进监督，考核培训员工是否将培训内容学以致用。

3. 使用此行动改善计划表的目的在于使培训知识得以应用与转化，作为培训后期考核的依据。

课程名称		培训师		培训时间	
姓名		所属部门		直接主管	
培训中存在的问题					
导致问题产生的原因					

培训后行动改善

请列出需要改善的行为，并为此制订相应的行动计划。回部门后，请与你的直接主管沟通此计划并寻求辅导。

内容	行动计划	时间	如何衡量成功	所需要的支持

续表

内容	行动 计划	时间	如何衡 量成功	所需要的支持

　　行动改善计划表有利于促进员工将培训中所学习的知识应用到实际工作中，成功实现培训知识的应用与转化。所以，培训结束后有必要要求员工根据自身的实际情况和工作内容制作一份行动改善计划表。

5.3.5　结合岗位情况的工作论文

　　为了提升员工的理论水平，同时挖掘员工潜能和发现人才，企业管理者可以在培训结束后，要求员工将在培训中所学的知识与岗位相结合撰写一篇工作论文。这样做不仅可以促进知识的应用与转化，还能提高员工的综合文化水平，并从中发现善于思考的优秀员工。同时，还能够使员工对工作的感性认知上升为理性认知，有助于员工开展以后的工作。

　　一篇有价值的结合岗位情况的工作论文有以下三个特征（图 5-11）。

图 5-11　有价值的结构岗位情况的工作论文的特征

（1）联系实际的论文选题

结合岗位情况的工作论文主要研究的是员工在实际工作中遇到的相关问题，因此论文的选题一定要联系实际，要利用在培训中掌握的知识和技能去寻找和解决工作岗位上急需解决的问题。

例如，培训的内容是热加工技术，在工作的过程中员工发现某一台设备在生产运行过程中制约着生产线的正常运行，那么员工就可以从这台设备入手设计论文选题。

（2）详细、全面的资料

撰写论文前要围绕选题收集相关资料，资料越详细越全面越好。这个时候就可以用到培训学习时记录的笔记。收集完资料后要对资料进行分析、梳理，并提出自己的观点，确定核心论点和分论点。确定论点时一定要有自己的想法，不能人云亦云。

（3）逻辑清晰的结构

撰写的过程中，要按照一定的逻辑介绍基本论点和分论点，让内容看起来条理清晰，易于理解。同时需注意的是要结合理论和实践，可以将培训中的实践活动作为案例用于论文中，使文章内容更加有说服力。

结合岗位情况的工作论文是为了让员工对所学习的知识进行更加深入、系统的思考，这样有助于员工将所学习的知识与岗位情况相结合，完美地将培训中所学的知识进行应用与转化。

本节介绍了五种在培训后使知识得以应用与转化的方法，每种方法都有其特点和价值，培训组织者和企业管理者可以采用其中一种方法，也可以组合使用其中的几种方法，帮助员工将培训中获得的知识在工作中进行应用和转化，具体使用哪种或哪几种方法，可根据实际情况而定。总之，无论采取什么方法，其最终目的都是实现知识的应用与转化，让培训知识真正意义上结合实际，产生效果，达到企业培训的目的。

6

第 6 章

效果评估：

培训效果评估与报告

培训效果评估与报告是培训项目中不可缺少的一个重要文件，是培训组织的重要工作内容之一，也是判断培训工作是否有效的重要依据。所以，培训组织者和企业管理者都要了解并掌握培训效果评估的技巧与方法，实现有效评估。

6.1
为什么要进行培训效果评估

　　做任何事情之前都必须明确做这件事的目的，这样才能目标明确地将这样事情做好。同样，在进行培训效果评估之前，培训组织必须明确"为什么要进行培训效果评估"这个问题。

6.1.1　培训效果评估的概念

　　为什么要进行培训效果评估？我们首先要搞清楚培训效果评估的概念。

　　培训效果评估是一个系统地收集有关系统性人才培养与赋能项目的描述性和评判性信息的过程，其目的是帮助企业在规划设计、选择、调整各类员工培训赋能活动以及判断其价值的时候做出更加科学的决策。

　　培训效果评估的概念有广义和狭义之分。

　　狭义上的培训效果评估是指一个企业在组织培训活动后

根据培训目标和要求，运用一定的评估指标和方法，用定性或者定量的方式对培训效果加以检查、评定。狭义上的培训效果评估是培训流程中的最后一个环节，在培训结束后对培训实施环节进行评估，评价它的价值，是对整个培训活动实施成效的评价和总结。

广义上的培训效果评估是指运用科学的理论、方法和程序，对培训主题、培训过程和培训知识转化应用效果的系统考察。广义上的培训效果评估是一个系统的规划，是在培训需求分析、培训规划体系、培训课程开发、培训活动组织实施与知识转化应用效果等多个环节中同时进行的完整的、有效的系统化评估。通过系统化评估得出的结果为下一个周期、阶段的培训活动，培训需求的确定和培训项目的调整、优化提供重要的依据。

相比较来说，广义上对培训效果评估的理解更深入、全面，能为企业未来的培训需求的确定、培训项目的优化提供更加科学的依据。所以，培训组织就应当从广义上理解培训效果评估的概念，全面、系统地对培训效果进行评估。

6.1.2　培训效果评估的意义

培训效果评估是企业培训工作中极其重要的一项工作，

是培训管理工作中的重要环节，贯穿整个培训过程，对提升培训效果有重要作用。培训效果评估的意义不言而喻。

从广义上来说，我们可以将培训效果评估分为三个阶段，即培训前的评估、培训中的评估和培训结束后的评估。不同阶段的培训效果评估的意义不同。

（1）培训前评估的意义

培训前的评估主要包括对培训需求的评估和对培训计划的评估。

培训前评估的意义

①保证培训需求的科学性、合理性

培训前对培训需求进行评估其实就是明确培训需求的必要性、价值性。有必要、有价值的培训才是科学的、合理的，才能满足企业的需求，为企业创造价值。

②保证培训计划与实际需求完美匹配

培训前对培训计划进行评估，可以保证培训计划符合实际需求，促进培训目的达成。

③帮助了解所有培训资源，实现培训资源的合理配置

培训前评估可以帮助人们了解实施培训过程，达到培训目标需要哪些资源，然后可以对资源进行合理配置，从

而确保培训资源最大化利用。

（2）培训中评估的意义

培训中评估是指对培训过程的内容进行评估，包括培训进度、学员参与情况等。

培训中评估的意义

①确保培训项目可以按照计划顺利地推进

培训实施过程中进行效果评估可以及时发现培训中存在的问题并及时解决问题，确保培训计划可以顺利地推进。

②及时反馈培训情况，便于及时做出调整

培训中，培训组织人员可以及时向负责人反馈培训的相关情况，如果培训方案或计划出现问题，以便及时做出调整。

③培训过程中的评估有助于解释培训的最终结果

对培训过程进行评估，可以为最终的评估结果提供更多的信息和数据。换句话说，培训中进行评估有助于科学解释培训的实际结果。

（3）培训结束后评估的意义

培训结束后的评估是对整个培训过程的评估，包括对培训方案、培训课程、学员以及培训师的评估。

培训结束后评估的意义

①改善、提升培训项目的效果

通过培训结束后评估，培训组织可以判断培训计划是否能满足学员的需求，学员的学习效果如何、学员的积极性如何，明确培训项目取得的实际结果，然后将实际结果与预期结果进行对比，找出两者之间存在的差距。如果实际结果与预期结果相差甚远，那么就要找出导致差距出现的原因，并积极解决问题，有针对性地调整、优化培训项目，从而改善、提升培训项目的效果。

②为下一轮培训项目提供重要信息

培训结束后进行效果评估是指根据培训效果评估标准，对员工取得的培训结果进行评估，了解员工的学习目标达成情况、培训计划实施的有效性等。得出培训评估结果后，评估人员应将培训结果反馈给培训部门管理者，为下一轮的培训项目提供重要信息，便于培训部门管理者依据这些信息为下一轮培训项目做出决策。

　　明确培训效果评估的概念和意义，就等于明确了培训评估的方向和目标。确定了方向和目标，培训组织才能更加顺利地开展培训效果评估工作。

6.2
培训效果评估的基本原则

为了提升培训效果评估的准确性和有效性，培训评估人员在进行培训效果评估时应当遵循三个原则：客观性原则、综合性原则和灵活性原则（图 6–1）。

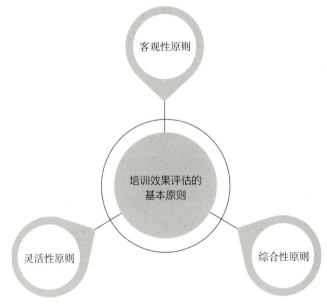

图 6-1　培训效果评估的基本原则

6.2.1 客观性原则

培训效果评估的客观性原则是指在培训效果评估过程中，培训评估人员在进行评估时一定要坚持事实就是的态度，避免掺入个人情感，主观判断培训结果。培训评估人员应真实、客观地反映实际的培训评估结果。为此，人们在确定评估指标、设计指标的权重以及对指标进行分析时，都应当避免评估人的主观意识对评估结果产生的影响。

从专业的角度考虑，培训效果评估一定要由培训组织管理者或专业人员进行判断和评估。评估方式应采用定性评估和定量评估相结合的方式，且要适当增加可量化的评估指标的权重，减少定性指标的权重。

例如，要适当增加培训计划完成率、培训合格率、知识技能掌握程度等可量化的指标权重，而要淡化对学员学习态度、学习积极性、学员（对培训的）满意度等指标的评估，即要适当降低定性指标的权重。具体如何分配定性指标与定量指标权重，应根据培训的实际情况、评估目的而定。

6.2.2　综合性原则

　　培训效果评估的综合性原则是指不仅要评估预期培训目标实现的情况，也要评估在培训结果中产生的非预期目标；不仅要评估培训方案制订者的预期目标是否实现了，还要结合学员的培训需求，评估培训项目是否满足了学员的预期目标。例如，要设计与培训方案制订者的目标实现情况相关的指标，也要设计与学员的需求相关的培训指标。

　　此外，在对培训结果进行评估时，不仅要对学员的个人学习目标进行评估，还要评估培训对企业发展所产生的影响，包括正面影响和负面影响。例如，培训考核内容要包含学员个人培训目标的实现情况以及培训对组织绩效提升的影响。

　　在选择评估方法时要注意，应尽量选择定性考核和定量考核相结合的方式。通常，定性评估方式主要用于评估员工参加培训后的态度和行为的变化，定量评估主要用于评估员工的知识、技能、水平。将定性考核与定量考核这两种方式相结合，对培训效果进行评估，可以使评估效果更加全面、客观、真实。

6.2.3　灵活性原则

　　培训评估的灵活性原则是指培训评估人员要根据评估的目标和评估对象以及评估周期确定评估方法。这就要求要给予学员充分的表达权，评估人员在评估培训效果前要广泛采取学员的意见，并据此选择合适的、科学的评估方法，调整、优化评估方案。

6.3
培训效果评估的层次与内容

知名教授唐纳德·L. 柯克帕特里克（Donald. L. Kirkpatrick）于1959年提出培训效果四级评估模型，评估层次依序为反应层、学习层、行为层、结果层（图6-2）。

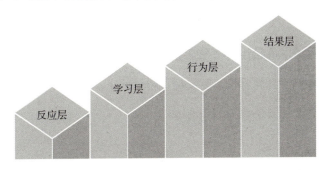

图6-2　培训效果四级评估模型

6.3.1　培训效果评估的层次

（1）反应层

反应层评估也称一级评估，用于对表面效果的测评，通过学员的情绪、注意力、不满或称赞等对每一个接受培训的人员做出评价。在测评的过程中可以提出一些问题，如"你是否喜欢这次培训""你认为培训师的表现是否优秀""本次培训有哪些地方需要改进"等。最后，结合所有人的反应可以对培训效果得出基本评价。

（2）学习层

学习层评估也称二级评估，主要是了解学员通过培训学习到了什么，培训内容和方法是否合适、有效，培训过程的每一个环节是否达到了培训前提出的要求等。

（3）行为层

行为层评估也称三级评估，可以通过上级、下级、同事、客户等相关人员对学员的业绩进行评估来测定，主要测定培训是否带来了学员行为上的改变。

（4）结果层

结果层评估也称四级评估，是培训评估的最高层次，可以通过产品合格率、事故率、销售量、成本、利润、离职率、迟到率等指标进行测定，主要测定的内容是个体、群体，组织在受训后业绩是否有改善，学员参与受训后的行为改变是否为组织创造了效益。

6.3.2　培训效果评估各层次的内容

不同层次的评估内容、评估方法以及培训时间是不同的，各个层次的具体内容如表 6-1 所示。

很多培训项目的培训效果的好坏其实是可以评估、测定的，从而可以有针对性地对培训项目进行调整、优化，提升培训效果。当然，以上四个层次的评估并非要同时进行，培训组织可以根据企业和培训的实际情况，选择相应的层次进行评估。

表6-1 培训效果评估的层次与内容

评估层次	层次名称	定义	评估内容举例	评估方法	评估时间
一级评估	反应层	在培训结束时，评估学员对培训的满意程度	· 对培训师培训技巧的反应 · 对课程内容的设计的反应 · 对教材挑选及内容、质量的反应 · 对培训组织的反应	· 问卷调研 · 面谈法 · 座谈法	课程结束后
二级评估	学习层	在培训结束后，评估学员在知识、技能、态度等方面的习得程度	· 学员是否学到了东西？ · 学员对培训内容的掌握程度	· 提问法 · 笔试法 · 面试法	课程进行时或课程结束后
三级评估	行为层	培训结束后，评估学员对培训知识、技能的运用程度	· 学员在工作中使用了他们所学到的知识、技能了吗？ · 学员在培训后，其行为是否有了好的改变？	· 问卷调研 · 360评估法 · 绩效考评	课程结束后3个月或半年后
四级评估	结果层	培训结束后，从部门和组织的层面，评估因培训而带来的组织上的改变效果	· 员工的工作绩效是否有了改善？ · 客户投诉是否有所减少？ · 产品质量是否有所提升？	· 个人与组织绩效指标 · 成本效益分析	课程结束或半年后或一年后

6.4
培训效果评估的方法与工具

古语道"工欲善其事，必先利其器"，意思是工匠要做好工作，一定要先让工具锋利，进行培训效果评估也是如此。培训组织者要想做好培训效果评估，就必须掌握培训效果评估的方法与工具。常用的评估形式主要可以分为三种：考核评估、调研评估和指标评估。不同评估形式采取的评估方法与工具不同（图6-3）。

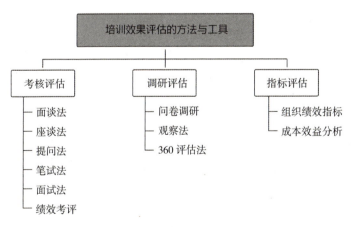

图6-3　培训效果评估的方法与工具

6.4.1　考核评估

考核评估是指运用科学的评估方法对评估主体进行考核的评估方式。考核评估的方法与工具主要有面谈法、座谈法、提问法、笔试法、面试法、绩效考评。

（1）面谈法

面谈法就是通过和学员代表进行一对一面谈，了解培训的效果。面谈的内容可以和问卷调查的内容一致。相比较来说，面谈获得的信息可能更多，获得的信息的真实性也更高。因为面对面交流可以更加深入，情感联结也更密切，更利于获得更多、更真实的信息。但是由于面谈的时间成本较高，因此面谈通常无法做到全员面谈，一般是抽取一定比例的代表进行一对一面谈。

（2）座谈法

座谈法，即集体座谈法，是指参与培训的全体成员或一些学员代表聚集在一起，以谈话的方式收集他们对培训的看法和意见。座谈法比较浪费时间，而且再次组织学员进行座谈也比较困难，所以座谈法最好是在培训结束后就立即进行。

（3）提问法

提问法主要是由培训师在课程进行过程中通过提问学员来

了解他们对培训内容的掌握情况。培训师可以对全员进行提问，也可以对部分学员进行提问，提出的问题一定要具有代表性，能够反映学员对培训内容的掌握情况，帮助学员加深对课程内容的理解。例如，"你认为本次培训的核心内容是什么""是否可以简明扼要地阐述""你是否达到了培训目标""为什么没有达到培训目标""你认为主要问题出在哪里"，等等。

（4）笔试法

笔试法是比较传统的一种培训评估方法，即在培训结束之后，对培训内容进行考试，以了解学员对培训内容的掌握情况。笔试法由于具有分数效应，所以效度很高。但是笔试法对试卷的制作要求很高，要求试题制作人员非常熟悉培训内容，同时要把握考试的目标和难度，这样才能真正利用好笔试法。

（5）面试法

面试法就是通过面对面的提问、学员作答的方式来了解学员的学习情况。很多企业在培训结束后，都会采用面试法来对培训效果进行评估。在面试之前，先要制作面试题库，然后随机挑选一定数目的面试题目，让学员回答，学员答对一定数量的试题就可以通过。

（6）绩效考评

绩效考评法通常是在培训结束、员工投入工作之后对学员的工作绩效进行考评，即将培训内容与实际工作相结合，设计绩效指标，并将这些指标纳入员工的绩效考核中，观察员工在接受培训之后学习成果在工作中的实际转化情况。

如果培训的内容是如何提升客户满意度，那么绩效考评内容可以是提升客户满意度方面的绩效指标，如客户率拓展、签单率，等等。企业通过考核员工工作绩效可以判断培训效果的好坏，绩效好说明培训效果较好，培训目的已经达到了。

6.4.2　调研评估

调研评估是指通过调研的方式对评估主体进行评估。调研评估的主要方法与工具有问卷调研、观察法、360 评估法。

（1）问卷调研

问卷调研，顾名思义，是指通过问卷调查的方式了解学员对培训内容、培训师授课技巧及表现、课程的组织及培训组织过程等要素的评价。问卷调查表的大致内容如表 6-2 所示。

表6-2　培训效果评估问卷调查表

说明：1. 请在符合您的答案"□"里画"√"。
2. 希望您给予真实的回答，这会有利于我们改进培训工作，从而更好地为大家服务。

课程名称			日 期			
姓名		岗位		部门		培训师

关于培训课程		
序号	项目	评分
1	您认为培训课程目标的明确性	☐ 10 ☐ 8 ☐ 6 ☐ 4
2	您认为本次培训课程对您是否有帮助	☐ 10 ☐ 8 ☐ 6 ☐ 4
3	您认为本次培训课程的适用性	☐ 10 ☐ 8 ☐ 6 ☐ 4
4	您认为本次培训课程的时间长度	☐ 10 ☐ 8 ☐ 6 ☐ 4
5	通过本次培训您的收获如何	☐ 10 ☐ 8 ☐ 6 ☐ 4
6	影响您培训收获的可能原因是	☐ 自己的问题 ☐ 培训师的问题 ☐ 课程内容问题 ☐ 培训组织人员的问题
关于培训师		
1	表达能力、逻辑能力	☐ 10 ☐ 8 ☐ 6 ☐ 4
2	课堂互动、课堂气氛	☐ 10 ☐ 8 ☐ 6 ☐ 4
3	对学员的关注度	☐ 10 ☐ 8 ☐ 6 ☐ 4
4	对学员提出问题的解决程度	☐ 10 ☐ 8 ☐ 6 ☐ 4
5	把握课程进度能力	☐ 10 ☐ 8 ☐ 6 ☐ 4
6	仪容仪表	☐ 10 ☐ 8 ☐ 6 ☐ 4

关于培训实施		
序号	项目	评分
1	您认为本次培训的组织工作如何	☐ 10　☐ 8　☐ 6　☐ 4
2	您认为本次培训场地是否符合培训的要求	☐ 10　☐ 8　☐ 6　☐ 4
3	您认为本次培训的食宿安排是否符合培训的要求	☐ 10　☐ 8　☐ 6　☐ 4
4	您认为本次培训的辅助设备、资料是否齐全	☐ 10　☐ 8　☐ 6　☐ 4
其他方面		
1	请列举对您有帮助的课程内容：	
2	您打算如何将所学的知识运用到实际工作中：	
3	您对本次培训是否还有其他改善建议：	
4	您对本次培训的整体满意程度： ☐很满意 ☐满意 ☐一般 ☐不满意 ☐很不满意	

　　培训组织在设计培训效果评估调查表的时候可以参考表 6-2，但具体的内容应视培训的具体情况而定。

　　在采用问卷调研对培训效果进行评估时，培训组织者除了要设计完善、合理、科学的调查内容，还要注意一些其他事项，例如问卷调研往往是全员调查。一般来说，在培训结束时就可以发放调查问卷，要求学员做完之后立即上交，这样也可以保证问卷调查结果的准确性。问卷收集完成之后，可以立即进行统计、分析，得出调查的结果。

此外，随着数字化时代的到来，培训组织者要尽量选择在线上进行问卷调查。相比较来说，线上进行问卷调查更经济、便捷，不受时间和空间限制，被调查者可以随时随地填写问卷内容。此外，线上进行问卷调查更便于实时收集收据，并对数据进行汇总、分析，快速、准确地得出调研结果。

虽然问卷调查比较常用，但是由于其具有局限性，因此效果不是非常好。局限性主要体现在缺乏弹性、容易误解这两个方面。缺乏弹性是因为大部分的调查问卷都是由问卷调查设计人员预先设计了答案的范围，使被调查者的回答比较有限，可能因此遗漏一些关键、深入的信息；容易误解是因为调查问卷是由被调查者自由作答，很可能出现漏答、错答等情况。这两种情况都会影响调研评估效果。鉴于此，问卷调研比较适用于较低层次的培训效果评估，如反应层、学习层。

（2）观察法

观察法是由学员的主管对学员平时的工作行为进行观察，看其与培训目标有关的行为是否有所改变。观察法实施起来非常简单，最大的好处是其具有隐蔽性，学员不会刻意伪装，所以主管观察到的行为都是学员最真实的行为。

运用观察法进行调研评估的基本要求

①养成观察习惯，形成观察的灵敏性

观察人员应养成观察习惯，在观察的过程中要集中精神，全面、深入观察学员的行为变化。

②制定观察提纲

在进行观察之前，观察人员要根据培训内容制定观察提纲，包括观察的具体内容、观察起止时间、观察地点和观察对象等。

③按计划进行观察，并做好详细记录

观察人员按提纲进行观察，并要实时记录观察内容，最后整理、分析观察信息，总结结果，得出观察的结论。

观察人员除了要掌握观察法的基本要求，还要注意，观察不等于监视，不能时刻紧盯员工的工作，而要在适当的时机进行观察，避免给学员造成压力和不适感，影响评估效果。

观察法主要是观察学员的行为变化，所以对学员的行为层进行评估时较适合采用观察法。

（3）360 评估法

360 评估法，也称"全方位评估法"，是指由学员的上级、同事、下属、客户等从全方位、各个角度对学员的培训效果进行评估的方法。评估的内容即与培训相关的内容，如培训的内容是销售人员的沟通能力，那么可以通过相关人员了解学员对沟通能力的掌握程度，然后根据获得的数据展开信息分析、总结培训效果。

360 评估法比较科学、全面，适用于深层次的培训效果评估，如行为层、结果层。但在运用 360 评估法的时候一定要考虑受访人员与学员的亲疏关系，这样才能保证培训评估结果的公平性和准确性。

6.4.3　指标评估

指标评估是指将培训中的各项指标具体化，然后采取科学的方式对这些指标进行评估。指标评估的主要方法与工具有组织绩效指标和成本效益分析两种。

（1）组织绩效指标

组织绩效指标主要是指通过考核了解在培训之后，组织绩效指标是否有所改善。例如，产品销售额得到大幅提高，产品质量得到了改善，生产效率得到了提高，客户的满意度得到提高，等等。

（2）成本效益分析

成本效益分析主要是指通过对培训成本和人均效益的分析来了解培训投资收益率。

> 成本效益分析一般可以用公式来表示：
>
> 培训投入回报率 = （培训收益 - 培训成本）/ 培训成本

培训收益一般可以用受训员工与未受训员工之间的收益差异来计算。培训成本，一般指培训的直接成本，包括培训师费用、组织费用、学员费用等。

以上介绍的是比较常用的培训效果评估的方法与工具，不同的评估方法与工具的特点不同，效果不同，培训组织应根据培训目标、要求等实际情况选择合适的培训效果评估方法与工具，以获得有效的培训评估结果。

6.5
培训效果评估流程

　　培训评估体系由三个部分组成，即培训前期评估、培训中期评估、培训结束后的评估，无论是哪一个阶段的评估，其流程都是相同的。培训效果评估流程一般分为七个环节：确定培训目的、确定评估对象、确定评估层次、收集收据、选择评估衡量方法、分析评估、培训评估结果反馈（图6-4）。

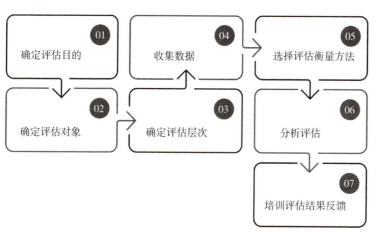

图6-4　培训效果评估流程

6.5.1 确定评估目的

在进行培训效果评估之前，培训组织人员必须确定培训评估的目的。进行培训效果评估的基本目的是满足企业和员工发展的需求。

常见的较为具体的评估目的

①考量最后结果以评估培训项目的总体成果。

②培训效果评估有助于对培训项目的前景做出决定。

③对培训系统的某些部分进行修订、优化。

④对培训项目进行整体修改。

⑤评估培训给个人及组织带来的利益。

培训效果评估目的将影响数据收集的方法和首要收集的数据类型。例如，培训效果评估的目的是评估培训师能否完整地将知识和信息传递给学员，那么就要采取相应的数据收集方法重点搜集与培训师相关的数据。因此，开展培训效果评估工作的第一个环节是确定评估目的。

6.5.2 确定评估对象

培训的最终目的是为企业创造价值，改善绩效。由于企业的培训需求呈增长的趋势，因而实施培训的直接费用和间接费用也在持续上升。从成本控制的角度考虑，不一定所有的培训都要进行效果评估。这个时候就需要根据自身的实际情况确定评估对象。通常，企业会将以下五种情况作为评估对象（图6-5）。

新开发的课程

新任培训师

新的培训方式

外聘培训机构进行的培训

出现问题和投诉的培训

图6-5 企业培训的评估对象

（1）新开发的课程

对新开发的课程的评估要着重从培训需求、课程设计、应用效果等方面进行评估，为后期是否继续使用新开发的课程，或是否需要对课程进行调整、优化提供科学的依据。

（2）新任培训师

对新任培训师的评估要着重从培训师的教学方法、教学质量等方面综合进行评估，为后期是否继续聘用该培训师提供科学的依据。

（3）新的培训方式

对新的培训方式的评估要着重从课程组织、教材、课程设计、应用效果等方面进行评估，为后期是否继续采取该培训方式，或是否要改进培训方式提供科学的依据。

（4）外聘培训机构进行的培训

对外聘培训机构进行的培训的评估应着重从课程设计、成本核算、应用效果等方面进行评估，为后期是否采取外聘该培训机构进行培训提供科学的依据。

（5）出现问题和投诉的培训

当培训出现问题或遇到投诉时，一定要对培训效果进行评估，这样才可以有针对性地找出解决问题的方法，改进培训项目，提升培训效果。因此，对出现问题和投诉的培训的评估应着重从出现的问题和投诉的问题进行评估，有针对性地解决问题。

确定评估对象后，培训组织者才可以针对这些具体的培训对象设计有效的问卷、考试题、访谈提纲等，进而精准地评估培训效果。所以确定培训对象是培训效果评估流程中不可忽视且必须认真做好的一个环节。

6.5.3 确定评估层次

在本章的第 3 节我详细介绍了培训评估的层次与内容，评估层次依为反应层、学习层、行为层、结果层四个层次。培训组织要根据最终期望达成什么样的效果反馈，确定培训的评估层次，从而以此为依据决定要收集的数据种类。

这里可以参考本章第三节的内容确定评估层次。

6.5.4 收集数据

进行培训评估之前，培训组织者必须将培训前后产生的数据收集齐备，因为培训数据是培训评估的重要依据，尤其是在进行三级评估和四级评估时必须参考的数据。

培训的数据按照能否用数字衡量的标准可以分为两类：硬数据和软数据（图 6-6）。

硬数据是绩效改进情况的主要衡量标准，以比例的形式出现，是一些易于收集的无可争辩的事实。因此，硬数据是最

图6-6　硬数据和软数据

需要收集的理想数据。硬数据可以分为四大类：产出、质量、成本和时间。几乎在所有组织机构中这四大类数据都是具有代表性的业绩衡量标准。

　　但是有时候很难找到硬数据，这时软数据在评估人力资源开发培训项目时就很有意义。软数据是相对于硬数据而言的，是一些不太容易收集的信息。常用的软数据可以被归纳为六类：工作习惯、氛围、新技能、发展、满意度和主动性。

收集培训数据的方法

①培训组织者在培训整个过程中认真记录相关数据。

②培训组织者要与相关职能部门管理者良好配合，因为相关职能部门管理者对员工比较了解，可以从中获取相

关数据。

要注意的是，收集培训数据最好在一个时间段内进行，通常在培训结束后的半个月到一个月左右收集数据，以便进行实时分析比较，这样得出的结果更加准确。

6.5.5 选择评估衡量方法

不同的培训阶段要选择不同的评估衡量方法。

培训过程中，一般采取的评估衡量方法是培训组织的相关人员或有关部门的管理人员亲临课堂听课，现场观察学员的反应、培训课堂的气氛和培训师的讲解水平。虽然这样可以获得第一手资料和信息，但因培训还未结束，为获得完整数据，除特别要注意的重大培训问题之外，一般在培训结束后才对培训过程中获得的资料和信息进行评估。

培训结束后的效果评估主要包括对培训课程本身的评估和对培训效果的评估。按评估的时间，分为培训结束时进行的评估和被培训者回到工作中一段时间后的评估。评估的方式有问卷调研、访谈调研、绩效考核法等，具体可参考本章第四节介绍的培训效果评估的方法与工具中的内容。

6.5.6　分析评估

分析评估是培训效果评估的最后一个步骤，也是较为关键的一个步骤，决定了培训效果评估的作用和价值。在分析评估环节，培训组织人员要对收集的所有数据进行总结、分析，主要工作任务包括将收集到的问卷、访谈资料等进行统计分析、整理合并，剔除无效资料。评估人员以收集的有效数据资料为依据，对培训进行分析评估，总结培训效果，并撰写培训效果评估报告。

在分析评估数据的过程中，建议评估人员将数据绘制成图表，让阅读报告的人能够更直观地从图表中找到数据的规律和趋向。如果图表呈现了特殊的趋势，那么就可以用图表来支持评估报告中的结论。

6.5.7　培训评估结果反馈

培训评估的目的是检验培训项目的好坏，但并不止于此，还为改进培训项目提供了科学依据，最终实现培训价值的提升。培训评估要想达到这两个目的，就要求培训组织人员做好培训评估结果反馈。

培训评估结果反馈主要是将培训评估报告和总结的内容，尤其是报告中关于培训班的成功经验、主要不足以及学员对培训班的建议和意见，及时反馈到培训班的专业职能部门，并签报领导审阅。同时以经验交流材料的形式发送到各职能部门传阅，便于各部门相互借鉴，共同提高培训效能。

培训组织要将培训评估结果进行归纳整理、存档，作为年终对各职能部门举办的培训班进行评比，以及对今后申请举办类似培训进行审核的参考依据。

6.6
培训效果评估报告

撰写培训效果评估报告的培训评估人员需要掌握评估报告的结构、内容以及撰写的要求。

6.6.1 培训效果评估报告的结构和主要内容

培训效果评估报告是指评估人员在分析以上评估数据，得出评估结果之后，再结合学员的培训考核成绩，对此次培训项目给出的公正合理的评估，包括评估报告内容概述、评估实施的过程、阐明评估的结果、解释阐明评估的结果、附录（数据分析）、报告提要。

（1）评估报告内容概述

对整个评估报告的一个概括性介绍，包括培训项目的概况、评估的目的和评估性质。

例如，结合公司某某文件的要求，为加强公司安全管理，落实安全生产责任，提高员工的安全意识，培训部门组织了此次 ××× 培训。为了不断优化培训项目，促进培训落实到实际工作中，特对培训全过程展开培训效果评估……

（2）评估实施的过程

主要介绍评估实施过程中涉及的内容，如采取何种形式评估、评估哪些内容等。

例如，本次评估的内容是员工对安全生产知识的掌握程度和安全意识，主要采取的评估方法是问卷调研、面谈法和笔试法。

（3）阐明评估的结果

即要简明扼要地说明评估的结果。

例如，通过问卷调研、面谈法和笔试法得出的评估结果显示，员工对安全生产知识的掌握率达到了 90%，安全意识有显著提升。

（4）解释、阐述评估结果

即给出相关证据，如表格、数据等证明评估结果。

> 例如，问卷调研和面谈法的数据显示，员工的安全意识显著提升，由原来的无安全意识提升为有较强的安全意识。笔试的满分为 100 分，90 分合格，合格率达到 90%。

（5）附录（数据分析）

将有效的数据、资料以附录的形式呈现在报告中，便于阅读者查看、核实。

> 例如，问卷调查表的数据汇总表、面试法的数据汇总表、笔试的成绩表以及其他相关数据和资料。

（6）报告提要

报告提要是指从培训报告中摘录出来的要点，可以放在报告的文末，也可以放在报告的前面，具体应根据报告的要求而定。

例如：

一、重要提示

本报告的所有数据、资料不存在杜撰、误导性陈述。

……

二、培训基本情况

……

6.6.2　培训效果评估报告的撰写要求

培训管理人员在撰写培训效果评估报告时应注意相关要求。

培训效果评估报告的撰写要求

①证明培训的价值。例如，提供相关数据、资料，说明培训的整体效果、学员掌握的知识以及学员后期行为的改变。

②对培训中存在的问题提出建设性的反馈意见。例如，培训课程内容单一，应进一步调整、优化培训课程的内容。

③尽可能使用数据和图表论述。例如，在可以用数据

和图表说明内容的地方，就用数据和图表说明。

④对于项目周期较长的培训应当进行中期评估。例如，如果项目周期为半个月或一个月，那么就应当进行中期评估。

培训效果评估是一个系统化的过程，这其中的每一个环节都不能忽视，否则培训效果评估就会沦为形式，无法为未来开展培训项目提供科学的依据，无法助力企业不断提升培训效果。

7

第 7 章

风险管理：

培训危机处理与应急处理预案

培训过程中难免会出现各种各样的问题，为了及时、有效地应对各种突发问题，确保培训顺利地进行下去，培训组织者必须做好培训中的危机处理与应急处理预案。

○

7.1
培训危机处理

培训组织者一定要具备强烈的危机处理意识，能够及时处理培训中出现的各种危机，确保培训可以顺利地推进。培训中比较常见的危机是培训设备危机和现场教学危机。例如，话筒没有声音或者有杂音、学员在教学现场随意走动。培训组织者必须掌握这两个方面的危机处理方法。

7.1.1 培训设备的危机处理

为了提升培训效果和培训体验，培训师通常需要使用一些设备辅助教学。培训中常见的设备有话筒、计算机、投影仪等，如果课堂上这些设备出现故障，那么培训组织者该如何处理呢？

下面列举培训中常见的设备危机以及对应的处理方式。

（1）话筒没有声音或者有杂音

当话筒没有声音或者有杂音时，培训组织的相关人员可以采取以下三种措施处理危机。

①事先准备备用话筒和备用电源（电池、蓄电池）

话筒是出现危机概率比较高的设备，所以在培训课程开始前，培训组织的相关人员就应当准备好备用话筒和备用电源。同时，设备维护人员要对培训师用的话筒以及备用话筒进行调试，确保每一个话筒都可以正常使用。培训组织的相关人员还要与设备维修人员建立联系，保存联系方式以备不时之需。

②准备便携式音响

培训组织的相关人员也可以事先准备一个便携式音响，当话筒或现场的音响出现故障无法继续使用，影响整场教学时，可以立即使用便携式音响进行教学。

③立即联系维修人员维修

当话筒出现问题时，培训组织的相关人员要立即联系维修人员检查故障并维修。为了不耽误学员的时间，在维修人员维修时，培训师可以与学员就课堂所学的知识进行互动，待维修结束后再继续上课。

（2）音频、视频无法播放

培训师在上课的时候经常会通过音频或视频生动、形象地为学员讲解知识，但是在使用音频、视频的过程中经常会遇到无法正常播放的情况。遇到这种情况，培训组织的相关人员该如何处理呢？

　　培训组织的相关人员在培训课程开始前就要与培训师做好沟通，如培训师需要进行音视频播放，那么就要提前检查现场的音视频设备，查看设备是否可以正常播放。同时，也要与维修人员保持联系，确保在音视频设备出现故障时可以及时维修。如果设备的问题较大，很难在短时间内维修好，那么培训师可以调整讲课内容，将需要音频或视频的内容调整到后面讲解，或者将相关音频视频内容以电子邮件的形式发送到学员交群，学员可以私下自主研究、学习。

（3）投影仪故障

　　投影仪也是培训师在课堂上使用频率较高的一种教学设备，如果课堂上投影仪突发故障，培训组织的相关人员该如何处理呢？

　　发现投影仪出现故障时，最简单的处理方法就是重启投影仪。如果重启之后可以正常使用，那么培训师可以继续正常上课。如果重启之后投影仪仍然无法正常工作，那么培训组织的相关人员就要立即联系维修人员进行维修。如果短时间内可以维修好，那么培训师可以让学员先预习课程，等投影仪维修好之后继续上课。如果故障比较大，短时间内无法修好，那么培训师就要调整课程内容，先讲解不需要投影仪的课程，后面再讲解需要投影仪的内容。

以上列举的三种是课堂上比较常见的设备，也是较容易出现危机的设备。在实际的培训中，培训师有可能还会用到其他的一些设备。

无论培训师使用什么设备，在处理这些设备可能带来的危机时，培训组织的相关人员都可以采用以下的方法解决。

处理设备危机的方法

①课程开始前对所有设备进行检查、调试，确保所有设备可以正常使用。

②如果条件允许，准备备用的设备，如备用的话筒、备用的音响。

③与设备维修人员建立联系，保存联系方式以备不时之需。

还要注意的是，在培训课程中，当设备出现问题时，培训师或培训助理一定要立即安抚学员的情绪。他们可以这样

说："设备出现了一点小问题，马上联系维修部维修，不会耽误大家太长时间，不必担心。"这样才能有效避免因为设备问题影响学员的上课体验。

7.1.2 现场教学的危机处理

在现场教学的过程中也有可能出现一些危机，这些危机主要发生在培训师和学员身上。那么培训组织者应该如何处理现场教学中可能出现的危机呢？

（1）培训师

培训师比较容易出现的危机主要在于其身体状况，常见的危机是嗓子不舒服，无法清晰、洪亮地讲解培训内容。

培训师的嗓子轻微不适的处理方法

①仔细观察培训师的茶水需求，及时为其续杯。

②为培训师准备一些润喉糖，帮助培训师缓解嗓子的不适感。

培训师嗓子严重不适（比如无法发声）的处理方法

①及时调整培训内容，例如先安排上不需要培训师过多讲解的学员讨论、学员实践等课程。

---

②如果条件允许，在培训师嗓子严重不适时，安排其他培训师替补，以免影响培训效果。

除培训师自身的身体状况外，培训课堂还可能出现的危机是培训师拖堂。这是一些学员不希望出现的情况，长期拖堂会大大降低学员的学习体验。为此，助教人员还应巧妙地提醒培训师下课时间，做到授课不拖堂。例如，在快下课的时候举起手腕上的手表，指一指、点一点，示意培训师到了下课时间。

（2）学员

学员在教学现场比较容易出现的危机包括不配合教学活动，如课堂纪律混乱、课堂气氛不活跃、课堂服务不到位等。

学员在教学现场出现危机的处理方法

①上课前，明确告知学员上课期间严禁随意走动。

②鼓励学员参与课堂互动、积极发言。

③及时对回答问题的学员进行记录和积分，并做好递交话筒的工作，确保学员有序地回答问题。

④课程进行期间，认真观察回答问题和积极参与互动的学员并抓拍其精彩瞬间，作为训后培训报告的内容提交

职能部门保存、查验。

　　总之在培训课堂上，培训组织的相关人员要时刻关注培训师和学员的需求，及时处理各种危机，为培训师和学员营造良好的环境和体验，让培训师可以安心地教学，学员可以放心地学习。

7.2
培训应急处理预案

培训过程中也有可能会遇到一些突发事件，如自然灾害、人为破坏、环境公害等。为了处理培训过程中的各种突发事件，培训组织者应根据培训服务标准成立紧急事件应急处理小组，制定突发事件的应急处理预案，确保培训工作顺利、有序地展开。

一个完善的培训应急处理预案应包括突发火灾事故应急预案、个体重大（医疗）突发事件应急预案、户外应急安全预案和突发事件应急预案。

7.2.1　突发火灾事故应急预案

为了规范突发火灾事故紧急处理工作，进一步增强防灾减灾综合管理能力和抗风险能力，迅速有效地预防和扑灭火灾，尽最大可能减少人员伤亡和财产损失，培训组织者应制定完善、系统、科学的突发火灾事件应急预案。

突发火灾事件的应急预案程序具体如下。

（1）成立处理火灾事故的组织

处理火灾事件的组织是指紧急事件应急处理小组。培训组织者应事先成立紧急事件应急处理小组，一旦发生火灾事件，该组织就要立即行动起来。

（2）启动报警程序

一旦发生火灾事件，紧急事件应急处理小组就要立即启动报警程序。

报警程序的具体步骤

①若出现火情各培训班的培训师以及相关人员应根据火势立即组织学员自救或撤离并立即报警并及时向当地消防中心（电话 119）报告，报告内容为："某培训基地发生火灾，请迅速前来扑救。"待对方明确报警信息后报警人员再挂机。

②紧急事件应急处理小组负责观察火情，并组织学员抓紧时间有序撤离。

③向消防中心报警后，紧急事件应急处理小组还要负责派工作人员到主要路口等待引导消防车辆进入事故场地。

（3）组织实施扑救

在火灾发生的过程中，紧急事件应急处理小组应组织相关人员做好以下五件事。

组织实施扑救技巧

①在消防车来之前，培训组织的相关人员都要参与扑救行动。

②消防车来之后，紧急事件应急处理小组成员以及其他人员要积极配合消防员，听从消防员的指令，做好辅助工作。

③使用器具：灭火器、脸盆、水桶、水浸湿的棉被等。

④救援原则为"先救人，再救物"。

⑤无关人员不得在火灾现场和培训基地的固定消防栓处逗留，以便于消防车辆驶入。

（4）扑救方法

紧急事件应急处理小组以及相关人员在扑救的时候应掌握以下两个扑救方法。

火灾扑救方法

①扑救由固定物品引发的火灾（如木制品），可以使用各类灭火器具。

②扑救由液体引发的火灾（如汽油、食用油），可以使用灭火器，也可以使用沙土，但是绝对不能用水进行扑救。

（5）注意事项

在救援的过程中，紧急事件应急处理小组以及相关人员还应注意以下几个事项。

救援过程中的注意事项

①火灾事故救援的首要原则是"保护人员安全"，一切扑救工作必须在确保人员安全的前提下进行。

②火灾的第一发现人应查明原因，如火灾是由易燃物品引起的，应立即采取措施隔离易燃物，防止火势蔓延。

③火灾发生后的基本救援原则是一边采取正确的方式扑救火灾，一边报警。

④教会学员逃生时应掌握的方法。

⑤一般不组织学员参与救援。

7.2.2　个体重大（医疗）突发事件应急预案

个体重大（医疗）突发事件是指突发发生，造成或可能造成严重社会危害的重大事件，通常包括自然灾害、事故灾害（医疗事故灾害）。个体重大"医疗"突发事件应急预案就是针对这些事件制定的应急处理措施。虽然个体重大（医疗）突发事件在培训过程中不常见，但是为了以防万一，培训组织也应做好个体重大（医疗）突发事件应急预案，全方位确保培训可以顺利地开展。

个体重大（医疗）突发事件应急预案的程序具体如下。

（1）成立处理个体重大（医疗）突发事件的组织

处理个体重大（医疗突发事件）的组织：紧急事件应急处理小组、培训组织者。

（2）启动报警程序

一旦发生火灾事件，紧急事件应急处理小组或培训组织者就要立即启动报警程序。

报警程序的具体步骤

①上报企业上级领导。

②报告有关部门。

（3）处置措施

发生个体重大（医疗）突发事件时，可以采取以下处理措施。

个体重大（医疗）突发事件应急处理措施

①培训组织者应根据事态严重程度，一边处理问题一边安排紧急事件应急处理小组迅速赶到现场控制局面。

②培训组织的相关人员立即按照规定的程序打电话向培训组织的主要负责人报告。

③如有人员受伤，应根据伤势的严重程度进行救治。如果是较轻的皮外伤，可以采取正确的措施进行救治，如贴创可贴。如果是程度较严重的伤，则要立即送往就近医院进行救治。

④如是殴斗事件，应采取措施迅速平息事态，然后疏散围观人员，将事件当事人和相关责任人带入值班室，了解事件产生的原因。

⑤对事件进行处理。

⑥注意事项：培训组织者遇事一定要沉着冷静，并根据事情的具体情况果断采取相应的解决措施。处理群体性事件的原则是：保护学员安全、迅速平息和控制事态、减

少人员伤亡。

7.2.3　户外应急安全预案

有些培训项目需要在户外进行。相对于室内培训来说，户外培训更容易发生一些突发事件。为了对这些突发事件进行有效预防，或者在突发事件产生时可以冷静应对、快速处理，培训组织者应建立一套完善的户外应急安全预案，确保户外培训活动可以顺利地开展，保障学员的生命安全。

户外应急安全预案主要应包括以下三个方面的内容。

（1）行程安全

行程安全的主要内容

①严格遵守交通法规。培训过程中学员不得私自离开培训基地，如果有特殊情况应严格按照培训要求向班级负责人报告，经对方批准后方可外出。

②培训班全体成员必须严格遵守培训制度和纪律，听从培训管理人员的安排。

③当遭遇不可抗力力，如恶劣天气、事故灾害，无法

正常开展户外培训活动时，培训班全体成员应立即停止活动，迅速撤离到安全地点。

④在开展户外培训活动前了解简单户外急救和自救知识，准备常用药品。

⑤准备预防中暑和防蚊虫叮咬的药品，如藿香正气水、驱蚊水等。

⑥活动过程中，如需乘坐交通工具应尽量乘坐证件齐全、车况较好的正规车辆。

（2）社区安全

社区安全是指户外培训活动所在社区的安全。

社区安全的主要内容

①活动前首先了解社区周边的情况，如治安管理情况、周边建筑、地理形势等，并及时向户外培训负责人汇报。

②尊重当地人的生活习惯和风俗习惯，保持良好的培训组织形象。

（3）饮食安全

户外自由活动时不随便购买街边的小吃，如若出现饮食安全事故，应及时将患者就近送入医院治疗。

7.2.4　突发事件应急预案

突发事件应急预案是指针对突然发生的重大事件进行应急处理的计划。在制定突发事件应急处理预案时，培训组织者首先必须清楚突发事件有哪些。

根据事件的性质，突发事件可以分成以下几种（表7-1）。

表7-1　突发事件的类别及定义

突发事件的类别	定义
一般性突发事件	因恶劣天气或饮食卫生问题等导致学员身体状况不佳的突发事件
	因交通安全出现的影响较小，伤害程度较轻的交通事故，导致学员受皮外伤的突发事件
	在培训活动中遇到自然灾害，如水灾、火灾，导致学员轻微受伤的突发事件
	在培训活动中学员出现纠纷，如打架斗殴，导致培训活动无法正常开展或学员因此受皮外伤的突发事件
	其他造成学员轻微受伤的突发事件

续表

突发事件的类别	定义
较大突发事件	一般性事件中造成学员在培训活动过程中患常见病或受轻度伤害的事件，或因遇到自然灾害、事故灾害导致其被困的事件
重大突发事件	一般性事件中造成学员在培训互动过程中患突发急性病以致病危或受到重大伤害的事件

不同类别的突发事件处理措施不同。

（1）一般性突发事件的处理措施

如果学员出现中暑、恶心、呕吐、头晕或受伤等情况，培训组织的相关人员应及时帮助学员进行自救，并安排专人照看。

如果学员卷入不必要的纠纷，培训组织的相关人员应及时通报负责人，并采取相应的措施迅速平息事件。若迟迟无法平息事件，那么寻求当地政府或公安局的帮助，由他们安排专人出面协调，解决纠纷。

如果学员丢失贵重物品，培训组织的相关人员应及时与当地的街道办事处和派出所联系，不得私自检查其他学员，避免产生不必要的误解和纠纷。

总之培训组织者一定要做好充分准备，一旦出现一般性突发事件，团队成员就要团队在一起，采取相应的措施解决问题，确保培训活动顺利地进行。

（2）较大突发性事件的处理措施

如果发生交通事故等较大突发性事件，培训组织的相关人员要根据受伤人员的具体情况采取相应的急救措施进行救治，并且要及时拨打急救电话或立即安排车辆将受伤人员送往医生救治。同时要记清肇事车辆的车牌号、车型，并尽可能保护好事故现场和重要物品、证据，然后拨打报警电话，向交通部门汇报事故的具体情况。培训组织的相关人员要及时安抚学员的情绪，避免学员因情绪激动造成二次伤害。

如果出现此类较大突发性事件，培训组织的负责人可根据情况终止培训活动，将病患送到附近医院进行治疗并及时联系培训组织的应急工作组，待学员病情好转后再安排该学员培训的后续事宜。

（3）重大突发性事件的处理措施

如果出现重大突发性事件，培训组织的负责人应立即终止培训活动，联系有关部门，如医院、公安局、政府部门，并及时联系培训组织应急工作组。

重大突发性事件应急电话

公安 110	交警 122
火警 119	急救中心 120

8

第 8 章

培训运营：

打造专业的培训管理人员

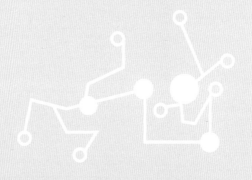

  高效的全面培训体系，离不开专业的培训管理团队的建设与不断提升，离不开专业的培训运营。因此，企业应在培训运营上投入相应的资源，为提升培训效率打造专业的培训管理人员，培养一支能够统筹规划、具有培训专业知识的培训管理团队，从培训规划、员工学习体系搭建、培训项目管理、培训资源协调等方面为企业人才培养和发展系统性地开展培训工作。

8.1
培训管理人员必须具备的能力与素养

　　一名合格的培训管理人员首先必须具备培训管理人员的能力与素养，这是展开培训管理工作的基本要求。培训管理人员必须具备的能力与素养如图 8-1 所示。

图 8-1　培训管理人员必须具备的能力与素养

8.1.1 整体策划能力

整体策划能力是指培训管理人员对培训项目进行全面策划的能力。对培训项目进行全面的策划包括前期培训需求调研、制订培训计划、确定培训对象、选择培训地点、确定培训对象、做好培训全面预算、发放培训通知、设计培训客户的流程、聘请培训师等所有工作。

培训管理人员要认真策划培训项目中的所有环节，且要确保培训中的任何一个环节都不会出现疏漏，哪一个环节稍有疏漏都可能导致培训失败。具备整体策划能力的培训管理人员，通常会在培训前制定一份详细、完善的培训策划书。

培训策划书的结构和主要内容

一、培训目的

明确培训目的才能有效地开展培训项目，所以在培训开始前，培训管理人员要根据企业实际情况、企业需求、员工需求等信息确定培训目的。例如，培训目的是促进公司技术骨干的成长，打造专业化的技术管理人才。

二、培训范畴

培训范畴也就是培训对象。例如，本次培训范畴是企

业各部门为储备人才引进的各职级人员。

三、培训原则

培训原则是指要依据利于培训目的达成的准则而开展培训项目。例如，以企业战略与员工需求为宗旨；以针对性、实用性、价值性为重点；以理论培训和岗位培训相结合为指导原则。

四、培训职责

培训职责是指要在培训前明确培训相关人员的职责，使他们可以在培训工作中各司其职，促进培训工作有序地展开。例如，某人负责制定培训管理制度、某人负责设计培训课程、某人负责核对学员名单并发放培训通知。

五、培训计划

培训管理人员要根据培训目的和培训需求等制订详细、具体的培训计划。制订培训计划的时候需要全员参与，要求每个人都能提出自己的想法和意见，最后由培训组织的负责人统一意见，确定最终的培训计划。

六、培训实施

培训实施是指明确培训的实施流程，确保培训活动可以按照既定计划顺利地进行。例如，由某人根据培训计划负责培训的实施，包括设计培训课程内容、选择培训形式、挑选合适的培训师等。

七、培训效果评估

培训效果评估是非常关键的一个环节，可以帮助培训组织者或企业管理者做出下一步的培训决策，或帮助其根据评估结果优化、改进培训项目。例如，培训项目结束后，培训管理人员要对培训师、学员、培训的总体效果等方面做出评价；将学员获得的相关证书应复印存档等。

八、培训风险管理

培训风险管理也是培训工作中比较重要的一个环节，也是培训管理人员容易忽视的内容。实际上，风险管理是最基本的工作，是培训顺利实施的保障，所以培训管理人员必须重视这个环节。在第7章的内容中，我详细、全面地介绍了如何做好培训风险管理，这里不再赘述。

九、培训档案管理

培训的所有资料都要存档，便于后期查阅、参考，所有培训结束后还要整理全部资料，并对档案进行管理。

总结来说，具备整体策划能力的培训管理人员能够做好培训前的准备工作，开班后的课堂组织和管理工作，培训结束后的效果评估工作，以及培训风险管理、档案管理等所有与培训有关的工作。同时，还能做好人员安排，确保培训活动的每一个环节都有负责人对接、管理。这样才能确保培训项目可以顺利、有序地开展，达到培训目的。

8.1.2　组织管理能力

组织管理能力是指培训管理人员根据培训目标和要求，对培训项目进行规划、安排，对培训相关人员和学员进行管理，将各种资源有效地组合起来，提升培训效果。在培训项目中，培训管理人员的组织管理能力主要体现在对学员的管理和对培训师的管理上。

（1）对学员的管理

俗话说"无规矩不成方圆"，这句话强调的是做任何事情都必须遵循一定的规则，对学员进行管理也是如此，需要制定一定的规则。为了提升对学员的管理效果，培训管理人员应制定相应的培训规则和规范，并严格要求学员在培训期间遵守培训规则和规范。同时，在培训项目开始前要重点宣读培训中的一些注意事项，提升学员的自我管理意识。例如，课间不能在教室里追逐、嬉戏、打闹，不允许迟到、早退，上课期间不许接打电话等。制定好相关规则后，为了进一步规范学员的行为，保障良好的培训纪律，营造良好的培训氛围，培训管理人员还应在课程开始前再次对学员强调相关要求或注意事项。

培训管理人员除了要制定相关的规则，还要告知学员本次培训的目的和具体要求。这样做是为了促进学员按照既定的目的和要求，有条不紊地学习，达到培训的目的。

在培训开始前，培训管理人员要明确告知学员此次培训的目的，然后要对学员提出具体的要求，并告知学员相关的考核方式，例如制定培训学习积分管理制度，包括但不限于对那些在课堂上积极发言讨论、遵守课堂纪律、积极为同学服务的学员给予一定的积分奖励，然后制定积分奖惩规则并根据规则实施奖惩，激励学员努力学习。培训结束后，培训管理人员还可以要求学员写结业论文、学习心得或闭卷考试等。明确培训目的和考核方式，可以使学员更加明确自己的学习目标和学习方向，从而激发学员的学习动力，更利于对学员的管理以及对课堂的管理。

培训管理人员要注意的是，在对学员和培训课堂进行管理的过程中，一定要注意管理的方式和方法。因为参与培训的都是成年人，他们一般都具备一定的自我约束能力，能够做好自我管理，所以培训管理人员无须对他们进行过于严格的管理，应采取相应的措施发挥他们的自我管理能力。通常，自我管理能力越能得到发挥，越能激发学员的学习动力。

　　他们大多具有良好的沟通能力和自我约束能力，所以应该充分发挥他们的自我管理能力。培训管理人员可以通过设置班委的形式使学员实现自我管理，主动、自觉遵守培训中的相关制度、规则和规范，积极完成培训作业，提升学习效果。

（2）培训师管理

　　除学员管理外，对培训师的管理也尤为重要，因为培训师的授课水平、教学方式、教学态度等都对培训效果起着至关重要的作用。因此，培训管理人员应采取科学的方式对培训师进行评价，并实行动态管理。

　　在对培训师进行动态管理的过程中，培训管理人员要重点关注培训师的授课内容、授课方式、互动形式等。在培训课程开始前，培训管理人员要认真审阅培训师的授课内容，如教案、内容相关资料，确保授课内容没有任何问题，符合培训要求。如果发现不妥之处要立即与培训师协商，提出修改意见并立即修改，以免影响培训课程的效果，耽误培训课程的进度。

　　在培训师管理过程中，对于评价结果较好、学员满意度较高的培训师应给予鼓励、奖励，并多次聘请。反之，对于评价结果不理想、讲课内容陈旧、讲课方式呆板、不受学员欢迎的培训师则要及时淘汰和更换。

对学员的管理和对培训师的管理是培训管理人员组织管理能力的主要体现，除此之外，培训管理人员的组织管理能力还体现在培训项目的各项安排中，例如，提前告知培训师和学员详细的培训地点、具体线路图，安排好交通、食宿等，确保学员和培训师可以按时、安全抵达培训地点，确保学员可以放心、安心地参与培训课程。

最后要强调的是，在整个组织管理过程中，培训管理人员一定要确保管理工作贯穿整个培训项目。也就是说，培训管理人员的管理工作应当善始善终，要认真做好课前、课中和课后的管理，尤其不能忽略课后的管理工作。培训结束后，培训管理人员应及时采取措施，如问卷调查、访谈等方法，从学员处获取培训效果的反馈信息，如培训师的授课质量、授课内容、授课方式、培训中的收获等内容，以便充分了解学员对本次培训的真实感受和意见。然后，培训管理人员要对学员提出的想法和意见等进行整理、分析、总结，进而得出结论。这样做有利于培训组织改进不足之处，优化培训项目，提升培训效果，最大化培训价值。

总而言之，具备培训组织管理能力的培训管理人员应当做好从培训开班前到培训开班后的每一项工作，管理好培训项目中的相关人员，以提升组织管理效率，提升培训效果。

8.1.3　团结协作能力

团结协作能力是指在团队成员之间互帮互助，齐心协力完成工作任务，实现组织目标的能力。组织一场培训往往需要几名人员甚至几十名人员分工合作、共同完成，所以培训组织的管理人员不仅要有个人能力，更要有与团队其他成员的协作能力（图 8-2）。

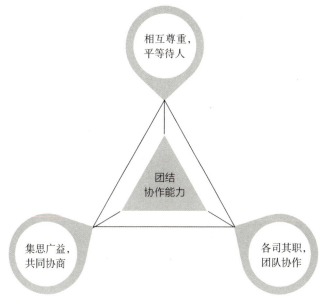

图 8-2　团结协作能力

（1）相互尊重，平等待人

培训组织成员之间要相互尊重，平等待人，这是团队协作的基本。相互尊重、平等待人是指培训中的所有人员都是平等的，没有身份的尊卑、职位的高低，各管理人员在平时要以平等的原则相处，尊重他人的意见和想法。

在相互尊重、平等待人的相处原则下，培训管理人员才能和他人友好地相处，交流想法，促进彼此之间的协作，提升团队管理人员的协作能力。

（2）各司其职，团队协作

每一位培训管理人员既要各司其职，又要与其他成员团结协作。在培训项目开始前，全体培训管理人员应就如何分配工作展开沟通，然后根据每一位培训管理人员的专业特长、性格特点、能力等分配的工作任务。例如，可以安排文字功底较好、内心较细腻的培训管理人员拟定培训通知、制作培训资料等；可以安排沟通能力较强、性格较活泼开朗的培训管理人员联系培训师，负责接待学员等。

总之，在培训项目开始前，每一位培训管理人员都要在培训组织中找到适合自己的位置，发挥自己的长处，完成好自己负责的任务。在此基础上，团队成员之间要相互协作，相互帮助，共同完成培训班的各项任务。例如，培训班开班当天，学员会在集中时间报到，这个时候就需要全体培训管理人员能够分配工作，互相协作，妥当安排学员的报到工作。

各司其职是发挥每一位培训管理人员的能力，团队协作则是将每个人的能力聚集在一起，形成更大的能力磁场，从而最大限度提高培训组织工作的效率。

（3）集思广益，共同协商

在培训过程中难免会遇到各种各样的问题，这个时候就需要培训管理人员能够聚集在一起，集思广益，共同协商出解决问题的办法。这也是团队协作能力的主要体现，可以帮助培训管理人员快速解决问题。相反，如果培训管理人员没有团队协作能力，那么当培训中出现问题时，大家只会互相推诿，不会团结一心解决问题，这样就会导致问题扩大，影响培训效果。

总之，培训组织的工作效率，培训的最终效果都与培训管理人员的团队协作能力相关，培训管理人员的团队协作能力越强，越利于培训组织高效地完成培训过程中的每一项工作，提升工作效率，提升整体培训效果。

8.1.4 沟通交流能力

在组织管理培训的过程中，培训管理人员需要与学员、内部工作人员、培训师、相关部门进行沟通和交流，例如学员咨询问题、班级管理、培训师管理等都离不开沟通交流。在培训项目中，培训管理人员只有实现有效沟通，才能及时解决培训活动中的各种问题，确保培训可以顺利地开展。所以企业管理人员必须具备一定的沟通交流能力。

（1）与学员之间的沟通

培训管理人员的沟通交流能力主要体现在与学员的沟通中。一个培训班的成员通常比较多，有几十个到几百个不等，因为他们的受教育程度、家庭背景、工作经验、个人认知等都不同，这会导致他们在培训中产生不同的想法和意见。这个时候培训管理人员就会面临"众口难调"的问题。必须承认的是，无论如何做培训管理人员都很难满足每一位学员的所有要求。面对这种情况，培训管理人员就要遵循"少数服从多数"的原则，尽可能满足大部分学员提出的需求。如果因某种特殊原因或条件无法满足学员的需求，那么一定要向学员解释，并采取弥补措施，这就需要一定的沟通交流能力。

培训管理人员要提高自己的沟通交流能力应做好以下两点。

①换位思考，从学员的角度出发思考

换位思考是有实现有效沟通，提升沟通交流能力的有效方法。所以，培训管理人员在与学员进行交流时要学会站在学员的角度思考问题，并帮助学员分析问题，探讨解决问题的解决方案。

例如，当学员对培训师、课程内容、培训方式等提出不同意见时，培训管理人员应从学员的角度出发思考问题，要设想自己就是学员，"如果我是他，我希望得到什么样的答案，希望培训管理人员如何解决这个问题"。在这种角度下，培训管理人员自然更加容易理解、接受学员提出的意见和想法，并且会及时改进，帮助他们解决培训过程中遇到的任何问题。

②真诚友善，具有良好的服务意识

在与学员交流的过程中，培训管理人员一定要真诚友善，具备良好的服务意识，这样才能让学员感受到尊重、热情，学员才愿意与培训管理人员交流想法、意见。

例如，当学员就培训环境提出意见时，培训管理人员首先应对学员提出的意见表示理解，然后根据实际情况对发生的问题耐心解释、用心解决，一定不能敷衍了事，推诿责任。

除了对学员提出的问题要认真聆听，及时给出解决方案，在实际的培训工作中，培训管理人员还应多关注学员在一些细节处的需求，以便及时为学生提供更细致的帮助，加强彼此之间的情感联结，促进彼此之间的沟通。

总结来说，培训管理人员在与学员沟通交流的过程中，要做到凡事多为学员考虑，加深与学员之间的关系，拉近彼此之间的距离。关系好了，距离近了，沟通也就变成了一件容易的事情。

（2）与培训师的沟通

除了与学员沟通，培训管理人员还应当重视与授课的培训师的沟通。在培训前，培训管理人员要与培训师进行充分沟通，让培训师明确此次培训的目的，深入了解培训对象的特征和需求，然后根据培训目的和培训对象的需求有针对性地设计课程内容和授课形式，进一步保障培训效果。培训结束后，培训管理人员要及时向培训师反馈学员提出的与授课形式、内容和培训师自身有关的意见和建议。在向授课培训师反馈意见时要注意表达方式，用词要恰当，易于培训师接受，以取得理想的沟通效果。

培训管理人员不仅要与学员沟通交流，与培训师沟通交流，还应该充当两者之间的桥梁，通过沟通交流优化、改进授课方式、提升授课内容的质量，从而提升整个培训效果。所以，沟通交流能力是培训管理人员不可或缺的能力之一。

8.1.5　灵活应变能力

培训班上难免会遇到一些突发状况，例如可能会遇到学员打架斗殴、培训师与学员发生争执、培训师无法及时到达培训现场导致课堂纪律混乱等情况，培训管理人员要想应对这些情况和突发事件，就需要具备灵活应变能力，能够及时做出妥善的安排，及时处理问题。

（1）未雨绸缪，做好预防措施

灵活应变能力，也可以被称为风险管理能力，即当风险发生时处理风险的能力，这就要求培训管理人员要未雨绸缪，做好各项突发事件的应急处理措施。在第 7 章我介绍了一些突发事件以及应急处理预案的内容，这就是培训管理人员为提升灵活应变能力必须做好的事情。

（2）迅速了解事情产生的原因，积极解决问题

具备灵活应变能力的培训管理人员，无论在培训过程中遇到什么样的突发情况，都可以沉着冷静地对待，及时处理

问题。通常在遇到突发情况、突发事件时，具备较强的灵活应变能力的培训人员会迅速了解事情产生的原因，积极解决问题。

例如，当两位学员之间产生冲突时，培训管理人员会用温和的语气与两位学员进行沟通，了解他们产生冲突的原因。假如两位学员产生冲突的原因是学员 A 嘲笑学员 B 说话的口音太重。这个时候培训管理人员就会引导学员 A 树立正确的理念，要尊重每一位学员，他还会对学员 B 进行心理疏导，告知其与学员产生冲突时要友好协商，不能采取暴力解决问题。

除了打架、斗殴这些突发事件，培训中还会遇到火灾这样的大型突发事件，遇到这样的事件时，灵活应变的培训管理人员同样会及时了解事情产生的原因。但是这类大型事件发生的原因通常不好确定，因此灵活应变的培训管理人员在面对大型突发事件时不会过分纠结其产生原因，而是立即号召相关人员，启动之前设计好的应急事件处理预案，积极处理问题。

（3）善于总结，举一反三

突发事件处理完善后，培训管理人员还应对事件进行回顾、记录并总结，要从中吸取教训，总结经验，举一反三，避免在今后的培训中再次发生此类事件，或者在今后此类问题发生时可以更高效地解决。

例如，培训师未到课堂时，课堂冷场，学员抱怨不断。遇到这种情况，培训管理人员便在课堂上提出一些与课堂相关的问题，例如，"本次课程的主题是如何提高工作效率的"，然后邀请学员将工作中遇到的问题都提出来，大家围绕问题展开思考、讨论，对于无法获得答案的问题可以向培训师提问，让培训师解决。这样一来，课堂的氛围便会瞬间活跃起来，课程效果也没有受到丝毫影响，学员反而更加认真地听讲、互动。

培训师处理好案例中的事件后，便可以记录、总结经验，一是要尽量避免培训师迟到，冷场的情况出现；二是可以总结解决此类事件的方法。

除提前做好预防措施、遇到问题时沉着冷静且有条不紊地采取相应的措施和善于总结之外，培训管理人员还应多了解、关注培训中的各种细节。例如，在选择培训地点时要考虑周边的环境，尤其是医疗情况，考虑周边是否有药店、医院以及这些地方的距离等，这些问题都要提前做好调查。

具备灵活应变能力其实就是培训管理人员能够在培训前进行详细、周密的计划，在培训进行时关注各个细节，积极采取应对措施，事后总结经验，举一反三。这样做能提升培训组织的风险管理能力，为推进培训项目保驾护航。

8.1.6 评价判断能力

培训管理人员要对培训师的授课效果进行判断评价，并根据判断评价的结果做出相关的决策。例如，是否要调整培训内容、改进培训方式，是否要继续聘请该培训师。所以，培训管理人员必须具备一定的评价判断能力。

培训管理人员的评价判断能力主要体现在两个方面：一是评价判断（授课内容的）是非，二是评价判断（培训师的）水平。

（1）评价判断是非

评价判断是非能力是在培训项目中做出正确决策的保障，更是培训效果的保证。培训管理人员的评价判断能力主要体现在对培训师授课内容上的评判，用于判断并保证培训师所讲授的知识要点准确无误。能够对培训师所讲授的知识要点判断是非的培训管理人员一定是对相关知识比较了解的人，所以通常要求培训管理人员要有较丰富的知识储备。当然，并不是要求培训组织的所有成员都必须有丰富的知识储备，只要有这方面的人才即可。

评价判断是非时也要讲究技巧，不能用强硬的语气否定培训师。例如，"你这些知识点错得太离谱了，你确定你是资深的培训师吗"。这种态度只会让培训师抗拒，再好的培训师可能也不想留下来讲授知识。所以，在评价判断是非时，如果发现知识要点有误，要态度诚恳、语气温和地与培训师沟通，这里就要用到前文提到的沟通交流能力。例如，"这个知识要点是不是存在误区？您确认一下。为了确保培训效果，还劳烦老师再仔细核查一下培训的知识要点，如有需要帮助的地方可以随时找我"。这种沟通方式更容易让培训师接受并改正错误，或优化自己的教学方案。

评价判断是非不只是为了让培训师知道知识要点的对与错，更是为了保障培训质量。所以，培训管理人员切忌将评价判断是非的重点放在培训师身上，而要将重点放在知识要点上，传递正确的知识是培训的根本。

（2）评价判断水平

评价判断水平是指对培训师的授课水平进行评价判断，主要判断培训师的授课内容是否丰富，是否可以提供新的知识点，能否满足学员的学习需求，培训师的课堂表现是否良好，能否有效地传递知识，等等。这些问题都会影响培训效果，而要得到这些问题的答案，就要求培训管理人员具备评价判断水平，能够对培训师的授课水平进行评价。

评价判断培训师的授课水平较为简单、有效的方式就是制定一份评价表，主要内容如表8-1所示。

表8-1　培训师授课水平评价表

培训师姓名：		培训项目名称：	
编号	评价内容	标准得分	实际得分
1	选题定位	10	
2	内容结构框架	10	
3	问题分析	10	
4	问题切入	10	
5	表达清晰	10	
6	思想个性	10	
7	肢体动作	10	
8	互动效果	10	

续表

编号	评价内容	标准得分	实际得分
9	控场能力	10	
10	时间掌控	10	
11	总分	100	
结果评定： ■ 60 ～ 75 分为合格 ■ 76 ～ 89 分为良好 ■ 90 分以上为优秀			

表 8-1 中的评价内容仅供培训管理人员参考。

客观准确地评价培训师，一方面可以促使培训师不断改进、优化授课方式和授课内容，提升自己的授课能力，以满足学员的需求，适应培训行业发展的需要；另一方面可以使培训管理人员了解培训师的授课能力和特点，以便为每次培训精准锁定培训师，同时还可以帮助培训组织建立师资库。

帮助培训组织者建立师资库，可以为下一次培训聘请培训师提供依据和帮助。所以无论是评价判断是非还是评价判断水平，这两种能力都是培训管理人员必须掌握的能力，而且在评价判断的时候一定要做到公平、公正，确保评价判断效果。

8.1.7 学习提高能力

市场在不断发展，学员的培训需求也在不断变化，培训管理人员只有不断地自我学习、自我提升，才能了解行业发展趋势，明确组织当前需要进行哪些培训，也可以了解学员有哪些培训需求。在充分了解信息的前提下，培训组织才能根据这些信息针对性地设计培训项目，提升培训效果。

及时了解行业发展趋势，了解学员的知识需求，进而才能有针对性地设计培训课程，有的放矢地进行精准化培训，提升培训效果，提升学员素质。所以，不断提高学习能力也是培训管理人员必须具备的能力。

（1）充分利用每一次培训机会

俗话说"近水楼台先得月"，比喻接近某种事物可以抢得先机，培训管理人员其实就可以实现"近水楼台先得月"，抢到天然优势。因为培训管理人员有机会近距离接触培训师，有机会学习、听课，甚至可以同步跟班学习。所以，作为培训管理人员首先应当把握好"近水楼台先得月"的优势，只要时间允许就跟班学习，提升自己的知识水平和知识储备量。

充分利用每一次培训机会，不断提高自己，掌握前沿知识，提升认识水平。

（2）业余时间学习相关知识

有些培训管理人员在培训组织中需要负责的事情比较多，很少有机会可以去培训班听课，那么这些培训师可以利用业务时间去学习相关知识。业余时间学习知识的方式主要有两种，一是线下学习，二是线上学习。线下学习即参加一些线下的课程，由培训师面对面授课，可以及时帮助培训管理人员解决一些实际问题；线上学习比较灵活，培训管理人员可以随时随地学习。培训管理人员可以根据自己的需求选择合适的学习方式。培训管理人员只有保持良好的学习习惯，才能不断提高学习能力。

（3）深入行业实践学习

"纸上得来终觉浅，绝知此事要躬行"，最好的学习方式还是实践，所以如果有机会，培训管理人员最好可以深入行业实践学习。这样可以将理论与实际相结合，了解理论中存在的不足，以及实际中需要哪些知识和能力，从而可以设计出更完善，更具实操性的培训课程。

（4）坚持阅读

最简单、成本低的学习方式就是阅读。坚持阅读不仅可以提升培训管理人员的知识和技能，还可以活跃培训管理人员的大脑，让培训管理人员的大脑始终保持活跃的状态，利于培训管理人员灵活面对培训中的各种事情。所以，培训管理人员应培养阅读习惯，坚持阅读，且不仅要读专业知识方面的书籍，还要读经济、管理、时政等方面的书籍，以全面提升自己。

市场瞬息万变，应对这些变化最好的方式就是变化，即不断学习，不断成长，提高工作能力，用最前沿的知识和技能服务培训组织。否则，培训组织的发展就会停滞不前，学员就无法进步，企业也无法发展。

8.2
培训管理人员专业化途径

高效的培训工作很大程度上源于培训管理人员的专业化素质，所以培训组织的管理应当积极探寻培训管理人员专业化途径。

8.2.1　精准定位自身角色

一个合格的、专业的培训管理人员就应该精准定位自己的角色，因为只有精准定位自己的角色，才能明确自己在团队中处于什么位置、需要担负什么样的责任、如何才能处理好相关事情。从某种程度上说，培训管理人员精准定位自身角色是专业化的前提。

定位自身角色简单地说就是问自己两个问题——"我是谁""我要做什么"。

培训管理者的角色不只是培训的组织者，组织和实施培训工作只是基本，在实际的培训过程中，培训管理人员还应担任以下几个角色并承担相关任务（表8-2）。

表8-2　培训管理人员的角色和任务

角色（我是谁）	任务（我要做什么）
培训组织者	选定培训内容、培训师，制定培训课程，准备与培训相关的设施设备、培训资料，发送培训通知，等等
需求分析者	培训管理人员要找出员工的实际能力与公司要求员工具备的能力之间的差距，然后通过数据分析找出差距存在的原因，从而确定培训目的
课程开发者	培训管理人员应掌握课程开发技巧，并根据公司和员工的需求开发相应的课程
课程评估者	为优化培训效果，培训管理人员应分析培训课程、培训师及学员，并总结经验，调整、优化培训方案
资料管理者	为学员准备各种学习资料和讲课资料，并定期更新
传媒专家	为了提高学员的参与度，培训管理人员应积极宣传培训课程
监督者	监督学员在课堂上的表现以及课程结束后学员的行为改变
沟通者	多与学员沟通，了解学员的想法，帮助他们解决问题，制订改进计划
培训顾问	不断提升自身能力和专业素质，成为学员的教练
风险管理者	制定各种突发事件的应急预案，规避风险，保障培训项目顺利地开展

续表

角色（我是谁）	任务（我要做什么）
战略家	将培训目标与企业战略紧密结合，制定适合公司发展的人才培养战略

在高效的培训组织中，培训管理人员应当扮演以上角色，具体如何分配角色以及是否还需要其他角色应根据培训组织的实际情况而定。总之，培训组织的任何一位管理人员都必须找到适合自己的角色。

8.2.2　提高实施培训活动的专业能力

在培训过程中，培训管理人员的核心作用是促进培训活动的实施，所以培训管理人员必须提高实施培训活动的专业能力。要想提高开展培训活动的专业能力，培训管理人员就要从制度层面、资源层面和运营层面着手，从宏观上把握培训体系（图 8-3）。

（1）制度层面

制度层面强调的是培训管理的思路与规则，是培训体系构建的方向，通常包括培训管理的相关制度和培训策略。

一套完整的培训制度主要包括工作人员培训管理、培训

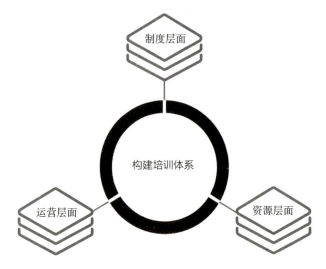

图 8-3　从制度层面、资源层面和运用层面构建培训体系

课堂管理、内外部培训师管理、培训资料管理、培训设备管理、培训效果评估管理等内容。培训策略是指根据企业需求和学员需求以及其他相关情况，制定相符的、可以促进学员成长的培训方法和技巧。

制定一套完善的、可行的、严谨的培训制度，可以保障整个培训活动有效地开展。

（2）资源层面

资源层面强调的是对企业内部可调动的培训资源进行管理与跟进，包括课程体系、培训师体系、培训预算、培训设备设施、培训场地、住宿餐饮等。这些资源都是企业可以显性列出的。一些培训活动之所以没有取得理想的效果，很大一部分原因是培训管理人员没有获得足够的资源就进入了运营层面。在资源层面，课程体系和培训师体系是最为重要的两组资源，从某种程度上说，这两者直接决定了企业培训体系能否正常运转。

培训课程体系是对培训课程的管理工作，包括培训课程设计、培训课程制作和培训课程实施。

搭建培训课程体系的步骤

第一步，厘清企业现有岗位，并对岗位进行分类，然后按照岗位分类有针对性地设计课程；

第二步，结合岗位性质，优化课程内容和质量，搭建难易程度为中高低三个层次的课程；

第三步，结合培训师资源，推进课程落地并追踪效果，最终形成课程体系。

优秀的培训师是较为稀缺的核心培训资源，培训师资源通常是指内外部培训师资源。内部培训师资源通常包括企业的专职培训人员或者中高层管理者。外部培训师一般是培训机构的专业培训师。

搭建培训师体系的步骤

第一步，成立培训师评估小组，确定筛选培训师的条件及培训师待遇、奖励政策等；

第二步，筛选培训师，选出优秀预备培训师人才；

第三步，对培训师队伍进行管理和激励，形成培训师体系，形成培训组织的战斗力。

除课程体系和培训师体系这两个核心资源外，培训管理人员还要收集其他相关资源，为培训活动的开展提供强有力的支撑。

（3）运营层面

培训的最终目的是促进企业的经营和发展，所以培训活动应与企业战略和企业经营要求紧密结合。因此，培训管理人员在开展培训活动之前要深入了解企业的战略和经营要求，并将此与培训活动紧密结合。

运营层面的主要内容包括制订培训计划、实施培训计划、评估跟踪、培训需求分析、培训方案制作、培训内容内化等。这些工作是培训体系的重点工作，是保证培训有序开展的关键，是对培训策划工作的实际贯彻和对培训资源的合理应用。很多时候，一些培训效果达不到理想的状态，很大原因就是运营层面出现了问题。因此，培训管理人员不能只关注制度层面和资源层面，更要关注运营层面。

从制度层面、资源层面和运营层面可以构建一个完善的培训体系，构建体系的过程便是培训管理人员在培训活动中施展专业能力的过程。所以，培训管理人员学会从以上三个层面着手，认真构建全面、系统的培训体系，熟悉沟通体系的具体内容，掌握相关技巧和策略，从而全面提升自己开展培训活动的专业能力。

8.2.3　提高课程开发能力

课程是培训项目的核心，有了高质量的培训课程才能吸引学员，提升培训质量，所以培训管理人员必须不断提高课程开发能力。

课程开发主要包括优化培训课程开发模型与流程、培训需求分析、制订课程开发计划、拟定课程大纲、邀请相关人员参与课程开发研讨会、制作教材和教辅、进行内部试讲等。

（1）优化培训课程开发模型与流程

培训课程开发通常都有一定的模型与流程，所以培训管理人员开发课程的第一步是了解、熟悉培训课程开发模型与流程。然后，培训管理人员要根据培训目的、企业需求和员工需求选择合适的课程开发模型，调整、优化培训课程开发的流程。

（2）培训需求分析

培训课程一定要具有针对性，才能满足学员和公司的需求，才能达到培训目的。所以，开发培训课程前要对培训需求进行调查分析。我们在第 2 章具体、详细地介绍了培训需求调查与分析的方法和策略，培训管理人员可以用其中的方法与策略对培训需求进行分析。总之，最后一定要综合不同的意见，找到真正的需求点，确定培训目的。

（3）制订课程开发计划

课程开发计划主要包括课程开发的背景、目的、培训对象、开发方向、经费以及推进日程等，然后根据计划一步一步实施。

（4）拟定课程大纲，确定培训方法

课程大纲是课程开发的核心工作，课程大纲其实就是课程的大致框架，也可称之为整体课程的初步设计，主要包括课程单元设计、课程阶段性修订、课程实施、课程总体评价，等等。

（5）邀请相关人员参与课程开发研讨会

培训课程开发人员邀请培训相关人员参与课程开发研讨会，共同讨论课程大纲，审核课程大纲和框架，确保课程内容符合培训需求。相关人员一般包括培训部门管理人员、人力资源部管理人员、各职能部门管理人员、员工代表等。

（6）制作教材和教辅

根据课程大纲收集并制作培训资料。资料包括培训师用的 PPT 资料、教案和学员用的教材以及其他辅助资料。

（7）进行内部试讲

为了保障实际的培训效果，课程开发之后培训管理人员最好安排内部试讲。

课程开发流程和步骤并不是固定不变的，培训管理人员应根据企业需求、学员需求以及其他实际情况不断调整、优化课程开发流程和步骤，不断提升课程开发效率和质量。同时，还要不断总结经验，这样才能不断提升课程开发能力。

8.2.4　提高授课能力

培训管理人员专业化途径的最后一个途径是提高授课能

力。在一场培训活动中，一个优秀的培训人员应当具备"导演"能力，既能导又能演，既能组织、管理正常培训活动，又能具备一定的授课能力。

培训管理人员提高授课能力有两个方面的作用。

●可以以更加专业地评估培训课程的内容和质量以及培训师的授课水平，进而可以针对性地调整、优化培训课程内容和质量，帮助培训师提高授课水平，或者选拔更优秀的培训师。

●在培训师有事不在场当前情况下，可以及时补救，为学员开展一场高质量的培训课程。

培训管理人员要想提高培训授课能力可以从以下两个方面入手。

●通过自身在培训岗位上的学习和经验积累获得相关知识和技能。在此基础上，加之一些授课技能便可以为学员开展培训课程。

●参加专业培训课程进行系统化的学习。这种方式可以获得更快更专业化的成长。比较典型的方式有"TTT培训""PTT培训"和"TTM培训"。"TTT培训"是指以视觉化的工具为基础，在整个授课过程中运用视觉化工具呈现内容，激发学员的学习兴趣，引导学员主动学习。"PTT培训"一般指PTT职业培训师，是指通过系统化的学习后获得权威机构资格认证的职业培训师。"TTT 培训"和"PTT 培训"都强调培训师自身演讲能力提升，而"TTM 培训"是面向培训管理人员的课程，可以全方位提升培训管理人员系统地做好企业内部课程设计与构建的能力，使其有效挖掘内部经验、萃取内部经验，做好企业内部知识管理与经验传承的能力，真正意义上通过培训激发、创新企业活力。

从某种程度上说，培训管理人员是一名潜在的培训师，这个身份便是培训管理人员专业化的一种体现。要成为一名真正意义上的培训师就必须拥有培训师必须具备的核心能力——授课能力，所以培训管理人员应当根据自身需求和实际情况选择合适的学习途径，不断提高自己的授课能力。

培训管理人员自身的一言一行都代表着培训组织的形象，培训管理人员的形象越专业，培训组织就越专业，越能吸引学员，对学员产生积极的影响，从而提升培训效果。所以，培训管理人员不要认为只要培训师专业就行，自己更要从各方面严格要求自己，树立专业形象。